Otto Benndorf

Die Antiken von Zürich

Otto Benndorf

Die Antiken von Zürich

ISBN/EAN: 9783743378667

Hergestellt in Europa, USA, Kanada, Australien, Japan

Cover: Foto ©Thomas Meinert / pixelio.de

Manufactured and distributed by brebook publishing software (www.brebook.com)

Otto Benndorf

Die Antiken von Zürich

Die Antiken von Zürich.

Beschrieben

von

Otto Benndorf.

Zurich,
In Commission bei S. Höhr.
1872.

Mittheilungen der Antiquarischen Gesellschaft in Zürich.
Band XVII. Heft 7.

Die Archäologie hat über ihren interessanteren Aufgaben bis auf den heutigen Tag die allererste Anforderung, die sie sich stellen muss, vernachlässigt, über den gesamten ihr vorliegenden Stoff, durch eine planmässige Aufnahme desselben in genauen Beschreibungen, die erforderliche Uebersicht und Herrschaft zu gewinnen. Die hier rückständige Arbeit ist so gross, dass es für Jeden welcher der Wissenschaft auch die scheinbar untergeordneten Dienste zu leisten sich nicht für zu gut hält, immer dringendere Pflicht wird, wo und wie er kann mit Hand anzulegen. In diesem Sinn habe ich es während der letzten Monate meines Aufenthalts in Zürich unternommen, die antiken Monumente, welche sich daselbst in den Sammlungen der antiquarischen Gesellschaft und des Polytechnicums oder in Privatbesitz befinden, näher zu untersuchen und nach wissenschaftlichen Grundsätzen zu beschreiben. War die zu gewinnende Ausbeute auch eine geringe, da die grösste Zahl der vorhandenen Gegenstände ein lediglich locales Interesse beansprucht, so musste dies Geschäft doch einmal abgethan werden, und die Erledigung desselben kann vielleicht einem mit schweizerischen Verhältnissen Vertrauten Anlass geben, es in grösserem Massstab wieder aufzunehmen und der meisterhaften Bearbeitung helvetischer Inschriften einen Catalog aller in der Schweiz gefundenen und befindlichen Antiken an die Seite zu stellen.

Die nachfolgende Beschreibung, deren Einförmigkeit durch ihren Zweck und den Character ihres Stoffes bedingt ist, schliesst die rein ornamentalen sowie die blos inschriftlichen Alterthümer aus. Ebenso konnte sie von den zahlreichen antiken Geräthschaften, welche sich im Laufe der Zeit, oft viele Dutzende von einer Sorte, in der antiquarischen Sammlung angehäuft haben, nur eine kleine Auswahl berücksichtigen, da eine umständliche Aufzählung ohne jeden ersichtlichen Nutzen sein würde. Aus demselben Grund unterblieb die Anführung der zahlreichen Vasen, welche keinerlei figürliches Ornament zeigen, und der vielen Fragmente sogenannter arretinischer Gefässe. Das gegebene Verzeichniss kann daher nicht für einen umfassenden Catalog der antiquarischen Sammlung gelten, um so mehr da grosse Abtheilungen derselben den Ueberresten der Pfahlbauzeit und der mittelalterlichen Kunst gewidmet sind. Hingegen wurden von der Vasensammlung des eidgenössischen Polytechnicums alle Stücke aufgenommen, um für diese zu gleicher Zeit ein Inventar zu liefern.

Den ältesten Bestand des antiquarischen Museums bildet ein Theil der sogenannten Kunstkammer, welche seit alten Zeiten mit der Züricher Stadtbibliothek verbunden war und im Jahre 1795 aufgelöst wurde (vgl. S. Vögelin jun. die ehemalige Kunstkammer auf der Stadtbibliothek zu Zürich, Neujahrsblatt der Stadtbibliothek 1872. 4.). Der bedeutende Zuwachs, welcher nachträglich in Folge der umsichtigen und unermüdlichen Thätigkeit des Vorstandes gewonnen wurde, besteht nur zu einem kleinen Theil aus gelegentlichen Acquisitionen; das Meiste ist durch freiwillige oder erbetene Geschenke und als Gewinn von Nachgrabungen an antiken Fundstätten hinzugekommen. Die Mehrzahl der vorhandenen Vasen ist ein Beitrag des Herrn Egg, schweizerischen Kaufmanns in Piedimonte bei Neapel, der daselbst mit bestem Erfolg Ausgrabungen hatte vornehmen lassen, über welche leider ein näherer Bericht nicht zu erlangen war. Einige Gefässe und Terracotten sind von Herrn du Buis-Remont der Sammlung hinterlassen worden. Eine nicht unbeträchtliche Zahl von Broncen stammt aus dem Besitz des Herrn Schinz-Hirzel, ein werthvolles athenisches Reliefbruchstück von Herrn Dr. François Wille. Ueberall sind die Geber und, soweit es möglich war, die Fundorte der einzelnen Stücke angegeben.

Die Vasensammlung des eidgenössischen Polytechnicums ist weit jüngeren Datums. Sie verdankt ihre Entstehung, nächst wiederholten Anregungen Gottfried Semper's, den Herren G. Kinkel sen., Georg Lasius, Julius Oppert, Rudolf Rahn, Julius Stadler und Sal. Vögelin jun., welche im Frühjahr 1871 mit dem Unterzeichneten sich zu einem Cyclus kunstgeschichtlicher Vorträge verbanden und die nicht unbedeutenden Erträgnisse dieser Unternehmung, welche sich in willkommener Weise durch eine Reihe freiwilliger Beiträge steigerten, für die Gründung eines keramischen Museums zu Gunsten des Unterrichts an beiden Hochschulen der Stadt bestimmten. Dieser Betrag und ein Zuschuss von Seiten des eidgenössischen Schulraths sind durch freundliche Vermittlung des zeitigen zweiten Secretärs des deutschen archäologischen Instituts in Rom, Herrn Dr. Wolfgang Helbig, zu verschiedenen Einkäufen in Rom, Capua und Neapel benutzt worden, bei welchen der Wunsch massgebend war, innerhalb der gegebenen Grenzen eine möglichste Verschiedenheit von Gefässformen und Stilarten zu gewinnen. Die Sammlung ist vorläufig in einem Parterrelocal des Polytechnicums untergebracht und wird wohl ihre definitive Aufstellung in der Antikensammlung der beiden Hochschulen erhalten.

Die Fundnotizen und einige literarische Angaben, welche den Catalog des antiquarischen Museums betreffen, beruhen auf Mittheilungen von Dr. Ferdinand Keller, dem ich mich für mannigfache Mitwirkung bei der Anfertigung dieser Schrift, wie überhaupt für seine freundliche Unterstützung meiner Thätigkeit in Zürich, von Herzen dankbar bekenne. Es würde mir als der liebste Lohn für die undankbare Mühe erscheinen, welche diese Aufzeichnungen verursacht haben, wenn sie ihm in Zukunft Arbeit ersparen oder einigen Nutzen gewähren sollten und als ein bescheidenes Erinnerungszeichen an den freundschaftlichen und antiquarischen Tauschverkehr, den wir unterhielten, willkommen sein könnten.

Otto Benndorf.

I. Monumente aus Stein.

1. **Grabrelief von pentelischem Marmor aus Athen.** Geschenk des Herrn Dr. Wille. Höhe 0,25. Breite 0,17. Dicke 0,05. Das Relief ist fragmentirt und übel erhalten, alle Ränder mit Ausnahme des obern horizontalen sind gebrochen, die Oberfläche der Sculptur fast überall abgescheuert; trotzdem verräth sich eine Feinheit der Zeichnung und der Empfindung, wie sie allen attischen Werken des fünften Jahrhunderts, auch den handwerklichsten, eigen zu sein pflegt. — Eine weibliche Figur in gegürtetem, ärmellosem Chiton und einem über Rücken und Beinen aufliegenden Obergewand sitzt nach rechts im Profil auf einem (wegen unvollkommener Erhaltung nicht näher zu bestimmenden) Sitze ohne Lehne und hält mit beiden halb erhobenen Händen die beiden Enden eines Kranzes. Ueber ihrem linken Oberschenkel ist der Rest eines Gewandstücks sichtbar, welches von einer zweiten Figur zur Rechten kaum herrühren kann und daher wohl zu dem Obergewand der Figur gehören wird.

2. **Doppelherme von weissem Marmor.** Geschenk von Herrn Professor Orelli. Höhe 0,18. Geringe römische Arbeit mit stehen gebliebenen Bohrlöchern. Auf der einen Seite ein weiblicher Kopf mit dicken Backen und spitzer Nase, wahrscheinlich eine Satyra, obwohl in dem reichen Haar von Ziegenohren nichts zu erkennen ist. Ueber die Stirne zieht sich ein breites Band, das am Halse zu beiden Seiten auf die Brust herunterfällt. Auf der anderen Seite ein vollbärtiges Gesicht mit reichem Haupthaar, aus welchem gleichfalls Bänder zu beiden Seiten auf die Brust herabfallen, wahrscheinlich Dionysos. Ergänzt Hals, Brust und die Nasenspitze in beiden Gesichtern. — Aehnliche Doppelhermen, welche zu einer gewissen Zeit ein sehr beliebter Schmuck der Privathäuser gewesen zu sein scheinen, sind in Pompei und Rom vielfach zum Vorschein gekommen.

3. **Archaischer Kopf aus Cypern**, von cyprischem Kalkstein. Höhe 0,18. Der Kopf ist am Halse abgebrochen, vermuthlich von einer ganzen Figur welche, nach der hintern glatten Fläche zu urtheilen, an einem andern Gegenstande befestigt war. Form und Technik dieses Kopfes stimmt genau überein mit einer grossen Zahl neuerdings in Cypern gefundener Sculpturen, welche man auf die kyprische Venus bezieht. Das Haar ist in conventioneller Weise angedeutet durch eine Reihe parallel nach vorn über die ganze Kopffläche laufender Furchen, und fällt rechts und links vom Halse in einem langen Zopf auf den Nacken herab. Der Hals ist bis dicht unter das Kinn mit einem Gewandstück bedeckt, welches lauter parallele und senkrechte Falten zeigt. Durch ähnliche Parallelstreifen ist die Form des Ohrs über dem Haar bezeichnet. Der leise lächelnde Mund ist mit grosser Feinheit ausgearbeitet. Die Augen treten hervor, das Augenrund ist nicht vertieft, sondern in glatter Fläche für Bemalung eingerichtet. Am Mund und Hals Spuren rother Farbe.

4. **Doppelherme von weissem Marmor**, in Rom erworben, aus dem Besitze von Professor Benndorf. Höhe 0,10. Die Theile vom Halse abwärts fehlen. Auf der einen Seite ein bärtiger Kopf von satyreskem Ausdruck mit menschlichen Ohren, gehörnter Kappe und Backenriemen. Auf der anderen Seite ein jugendlicher unbärtiger Kopf in einer mit Backenklappen versehenen Helmkappe, auf welcher zwei Widderhörner in Relief angebracht sind. Hinter den Ohren fallen Bänder herab, die nur auf der einen Seite sich erhalten haben. Die Nasenspitzen sind verstossen, die Oberflächen an einigen andern Stellen beschädigt. Gewöhnliche Arbeit mit stehengebliebenen Bohrlöchern. Vergl. Bull. d. instit. 1867, p. 60.

5. **Abbozzirter weiblicher Kopf.** Modern (?). Höhe 0.12.
6. **Relieffragment aus Marmor.** Höhe 0,12. Bruststück einer en face stehenden weiblichen, bekleideten Figur, welche die rechte Hand auf die linke Brust legt. Flüchtige römische Arbeit.
7. **Neun Reliefbruchstücke von Marmor** aus Piedimonte, welche vermuthlich zu einem Werke, wie die Gleichmässigkeit der Arbeit schliessen lässt, vielleicht zu einem sehr späten römischen Sarkophage gehörten: 1) männlicher bärtiger Kopf mit Stirnrunzeln und Glatze, vielleicht ein Silen (sein Ohr ist nicht deutlich erhalten). 2) Kopf einer Frau mit einem das Gesicht rings umgehenden Gewande. 3) Fragment eines ähnlichen Kopfes. 4) Kopf einer Frau mit aufliegendem Gewande. 5) Männlicher (?) unbärtiger Kopf, sehr abgescheuert. 6) Brust und Kopf eines Kindes in ein Gewand gehüllt und mit einem Tuche, welches das Haupt bedeckt und kreuzweise über die Brust gelegt ist. 7) Ein nach rechts schreitender nackter Knabe, der die rechte Hand an den Leib und die linke an den Kopf legt. 8) Kopf und Brust einer männlichen Figur ohne Bart und mit kurzgeschorenem Haupthaar, welche auf der linken Schulter ein Schwein oder einen Eber trägt. 9) Weiblicher Kopf mit einem Gewand, das auf dem Haar aufliegt. Höhe der Köpfe 0,06.

8. **Drei Basrelieffragmente** aus Dällikon, von Kalkstein. Höhe 0,24. Erhalten ist nur das Obertheil eines nach links gewandten Thieres und das rechte Bein einer stehenden Figur. Das Relief ist vertieft, die Arbeit äusserst roh.

9. **Weiblicher Portraitkopf** von Sandstein aus Steinegg im Canton Thurgau. Höhe 0,24. Gesichtslänge 0,12. Das Haar ist gescheitelt und auf der linken Seite des Hinterkopfes in ein kleines Nest zusammengenommen. Ueber der Stirn im Haar eine Blüthe (?. schwerlich Rest eines Halbmonds, wofür Keller das Ornament ansah) und dahinter eine hohe Stephane. Das Gesicht ist bis auf das linke Auge abgescheuert. Arbeit spät und schlecht: die Ohren, welche unter der Fülle des Haares verborgen bleiben müssten, sind quer abstehend auf der Oberfläche desselben in Relief angedeutet. Publizirt von Ferdinand Keller (als Isis) Mittheil. der antiquar. Gesellschaft XV 3 Taf. IV 6, und Anzeiger für schweiz. Alterthumskunde 1861, No. 2, Taf. II 13 p. 33.

10. **Unbärtiger Portraitkopf** aus gestreiftem weissem Marmor. Geschenk des Herrn S. Pestalozzi, Spitalpfleger. Höhe 0,25. Gesichtslänge 0,15. Der Hals und die hintere Hälfte des Kopfes sind abgebrochen, die Pupillen vertieft. in den Haaren, auf welchen Farbspuren erhalten zu sein scheinen, zahlreiche grosse Bohrlöcher geblieben. Das Gesicht ist bis auf die Nasenspitze wohl erhalten. Scharfe, unbedeutende Arbeit.

11. **Unbärtiger Portraitkopf** aus lunensischem Marmor. Höhe 0,23. Gesichtslänge 0,14. Die einzelnen Partien des kurzgeschnittenen Haares sind sehr sorgfältig in Flachrelief behandelt. Auf dem Scheitel oben ist in das Haar eine ovale Vertiefung flach eingearbeitet, welche als Basis eines Aufsatzes gedient haben muss. Die Pupillen sind vertieft. Feine römische Arbeit; das Gesicht ist bis auf die Nasenspitze wohl erhalten. der Hals unten in glatter Fläche abgearbeitet, in welcher zur Befestigung eine quadratische Vertiefung angebracht ist.

12. **Fragment eines spätrömischen Reliefs** aus Kalkstein. Höhe 0,52. Breite 0,30. Ringsum gebrochen mit Ausnahme des linken leistenartig erhöhten Randes, von welchem ein Stück erhalten ist. Nach unten war das Relief abgegrenzt durch eine horizontale Leiste, auf welcher Figuren stehen. Links en face eine in ein doppeltes Gewand gehüllte weibliche (?) Figur ohne Kopf, welche mit beiden Händen auf der Brust zwei Rollen (Flöten?) hält. Zwischen ihren Füssen, vor ihr steht en face

ein Knabe (camillus?) in einer kurzärmeligen Tunica mit herabfallenden Gürtelbändern und einem von der linken Achsel niederhängenden fellartigen Streifen, dessen unteres Ende, wenn die undeutliche flüchtige Arbeit nicht täuscht, als Thierkopf verziert ist. In der gesenkten Rechten trägt er ein Simpulum, die halb weggebrochene Linke hielt eine Patera. Rechts ist noch der rechte Fuss und die rechte Hand von einer en face stehenden Figur sichtbar. Publicirt von Ferdinand Keller, Mittheil. der antiquar. Gesellsch. XV 3 Taf. VIII 7 p. 149.

13. **Relieffragment eines architektonischen Gliedes** von Juramarmor aus Windisch. Höhe 0,50. Breite 0,50. Erhalten ist nur der mit einem Leisten verzierte untere und der rechte Rand, an welchen vermuthlich ein neues Stück ansetzte. Rest eines im Kreis geschlungenen vegetabilischen Ornaments, darunter links zwei einander zugekehrte Hähne im Kampf, rechts ein dritter nach rechts ohne seinen Gegner, der sich auf dem anstossenden Stücke befunden haben wird. Rohe decorative Arbeit. Publicirt von Ferdinand Keller (als Grabrelief), Mittheil. der antiquar. Ges. XV 3 Taf. VIII 6 p. 149.

14. **Fragment eines spätrömischen Grab(?)reliefs** aus grauem Sandstein. Höhe 0,57. Breite 0,35. Gesichtslänge 0,09. In einer in die Stirnfläche des Steines vertieften Nische Kopf und Brustatück einer en face in Hochrelief ausgearbeiteten Frau mit reichem Haar und doppeltem Gewand, welche im linken Arm ein gewundenes Füllhorn mit Früchten trägt. Sehr geringe und schlecht erhaltene Arbeit. Publicirt von Ferdinand Keller, Mittheil. der antiquar. Gesellsch. XII. 7 Taf. III 8.

15. **Jugendlich männlicher Kopf von pentelischem Marmor aus Athen**, im Besitz von Dr. François Wille in Mariafeld bei Meilen. Höhe 0,16. Gesichtslänge 0,10. Der Kopf ist Fragment einer Figur, vielleicht von einem Hochrelief, die Nase fehlt. Feine Arbeit aus römischer Zeit.

15ᵃ. **Aschenkiste aus Tuff** von Volterra, durch Herrn F. Welti in Livorno im November 1871 der Sammlung geschenkt. Höhe 12¹/₂". Länge 23". Auf dem Deckel eine in ein weites Gewand gehüllte männliche Figur, die auf dem linken Ellenbogen ruhend sich emporrichtet. In der rechten Hand hält sie eine Schale, ihre Haare sind in Locken geordnet, die Pupillen vertieft.

15ᵇ. **Aschenkiste von Alabaster** aus Volterra, wie die vorige erworben. Höhe 12". Länge 17¹/₂". Auf dem Deckel liegt in ruhigem Schlaf (auf der linken Seite) eine weibliche Figur in einem einfachen gegürteten Gewande. Unter dem Kopf ein Kissen.

II. Monumente aus Bronce.

16. **Statuette einer Athene** in Helm, Chiton mit Aegis und einem Gewand, welches auf die linke Schulter in die Höhe geschlagen ist. Höhe 0,07. Der linke Arm ist erhoben, der rechte vorgestreckt, die Crista des Helms durchbohrt. Beide Hände und Füsse fehlen. Gewöhnliche Arbeit.

17. **Statuette einer Athene** mit Helm, doppeltem Gewand und Gorgoneion. Höhe 0,07. Die Füsse und der linke Arm, welcher erhoben war, fehlen. In der vorgestreckten rechten Hand eine Patera. Gewöhnliche Arbeit.

18. **Archaische Statuette eines bärtigen Kriegers**, Legat von Herrn Sal. Pestalozzi, wahrscheinlich aus Oberitalien. Höhe 0,10. Die Figur ist unbekleidet und trägt Beinschienen, sowie einen mit hoher Crista verzierten Helm, hinter welchem auf dem Rücken ein langer breiter Zopf niederfällt. Die Brustwarzen und der Nabel sind durch Kreislinien angedeutet. Die Füsse sind beide nach links gewendet, die Hände geschlossen und nach vorn über den Leib gerichtet. Die durchbohrte Rechte

scheint eine Lanze gehalten zu haben. Von dem Boden, auf welchem die Figur stand, ist nur ein Stück erhalten. Publicirt von C. Bursian, Anzeiger f. schweiz. Alterthumskunde 1869 Taf. V Fig. 5 p. 36.

19. **Statuette eines Mars (?)**, zweifelhaft ob antik. Höhe 0,09. Eine unbekleidete vollbärtige Figur, welche auf dem Haupte einen Helm trägt, schreitet mit dem rechten Bein nach links. In der erhobenen Linken schwingt sie einen Blitz, in der gesenkten Rechten scheint sie ein Schwert gehalten zu haben. Arbeit gering. Vergl. Stark Berichte d. sächs. Ges. d. Wissensch. 1864 p. 173 folg.

20. **Statuette eines sitzenden Mercur.** Fundort unbekannt, Legat des Herrn S. Pestalozzi. Höhe 0,15. Die Figur ist durch Flügelhut, Schwingen an den Füssen und einen Beutel, den die rechte Hand im Schooss hält, deutlich als Mercur characterisirt. Vom Sitz ist nichts erhalten. Gewöhnliche Arbeit.

21. **Statuette eines unbekleideten Knaben** mit reichem Haar. Höhe 0,08. Es fehlen beide Arme, das linke Bein und der rechte Fuss. Geringe Arbeit.

22. **Büste eines behelmten bärtigen Mannes.** Höhe 0,04. Sehr schlecht erhalten.

23. **Einhenkliges Ausgussgefäss.** Höhe 0,06. Gefunden in Baden im Kanton Aargau. Das Gefäss von oben bis unten durchbohrt.

24. **Hand** von einer Statuette. Höhe 0,07. Legat des Herrn Sal. Pestalozzi. Nach der Biegung der Finger und einem Rest am Daumen zu schliessen, hat die Hand einen Gegenstand gehalten.

25. **Kleine Gruppe von Venus und Amor.** Fundort unbekannt. Legat von Herrn Sal. Pestalozzi. Höhe 0.055. Ein Stift, vermuthlich Stück einer zum Scheiteln der Haare bestimmten Nadel (discerniculum), endigt in ein viereckiges Blättercapitell, welches als Basis der Gruppe dient. Venus, unbekleidet, nur mit einer Stephane verziert, sitzt auf einem Sessel ohne Lehne und ordnet mit beiden Händen das Haar. An ihrer rechten Seite steht Amor. Zierliche Arbeit.

26. **Springender Eber.** Fundort unbekannt. Legat von Herrn Sal. Pestalozzi. Breite 0.045. Publicirt von Otto Jahn, Mittheil. der antiquar. Gesellsch. XIV 4 p. 103, Taf. I Fig. 12.

27. **Amulett in Gestalt** eines vierfüssigen Thieres. Breite 0.05. Fundort unbekannt. Legat von Herrn Sal. Pestalozzi. Ganz rohe Arbeit.

28. **Hirsch.** Höhe 0,04. Rohe Arbeit.

29. **Vordertheil eines Thieres**, mit durchbohrtem Kopf, vielleicht Ende einer Nadel. Breite 0.04. Rohe Arbeit.

30. **Drei Amulette** in Gestalt von Reitern. Fundort unbekannt. Legat des Herrn Sal. Pestalozzi. Höhe 0,04. Die Arme der Reiter sind durchbohrt. Ganz rohe Arbeit. Publicirt von C. Bursian, Anzeiger für schweiz. Alterth. 1869 Taf. V 7 p. 38.

31. **Ein Bär,** von Ober-Winterthur. Zoller'sche Sammlung. Geschenk von Herrn Schinz-Hirzel. Höhe 0,03. Arbeit unbedeutend. Publicirt von Gottlieb Kypseler von Münster, délices de la Suisse p. 91, Fig. 4. Ferdinand Keller, Mittheil. der antiquar. Gesellsch. XV 3 Taf. V 11 p. 119.

32. **Zwei Amulette**, ein Hund auf dessen Rücken ein Ring angebracht ist, und ein vierfüssiges Thier. Länge 0,04. Rohe Arbeit. Publicirt von C. Bursian, Anzeiger für schweiz. Alterthumskunde 1869 Taf. V Fig. 8ᵃ u. 8ᵇ p. 38.

33. **Ein Stier.** Höhe 0,05. Der untere Theil der vordern Beine fehlt. Geringe Arbeit. Legat von Herrn Sal. Pestalozzi. Gefunden zu Ober-Winterthur. Publicirt von Ferdinand Keller, Mittheil. der antiquar. Gesellsch. XV 3 Taf. V 7 p. 119.

34. **Kopf eines Silen** mit vollem langem Bart, starkgerunzelter Stirn und nach vorn gekämmtem

— 131 (9) —

Haupthaar. Aus Windisch. Höhe 0,05. Das Stück scheint zu einem Gefäss gehört zu haben, vielleicht als Verzierung eines Henkels.

35. **Amulett** in Form einer unbekleideten männlichen Figur. Höhe 0.06. Zoller'sche Sammlung. Geschenk von Herrn Schinz-Hirzel. Rohe Arbeit.

36. **Statuette eines Opfernden**, aus dem welschen Dörfchen bei Chur. Höhe 0,05. Geschenk des Herrn Bundesstatthalter v. Mohr in Chur. Eine wie es scheint unbärtige, bekränzte Figur, mit einem Gewand bekleidet welches die Brust bloss lässt, hält in der vorgestreckten rechten Hand eine Patera. Die Rückseite ist platt gearbeitet, die ganze Figur von sehr geringer Arbeit. Publicirt von Ferdinand Keller, Mittheil. der antiquar. Gesellsch. VII 5 Taf. II Fig. 8; richtiger und treuer in den Mittheil. XII 7 Taf. VII Fig. 6. Vergl. E. Gerhard, Abhandl. der Berliner Akademie 1845 Taf. III 3 = gesammelte Abhandlungen Taf. XXXVI 3.

37. **Büste einer Minerva** (vielleicht Aufsatz eines Gefässes) mit hohem Helm, Aigis und Gorgoneion. Das Gesicht ist stark beschädigt. Höhe 0,08.

38. **Zehn Amulette** in Gestalt von unbekleideten männlichen Figuren, proportionslos, in rohen primitiven Andeutungen der Körpertheile. Höhe 0,02—0,06. Fundort unbekannt. Legat von Herrn Sal. Pestalozzi. Ein Exemplar publicirt von Ferdinand Keller, Mittheil. der antiquar. Gesellsch. XII 1 Taf. IV Fig. 7; zwei andere von C. Bursian, Anzeiger für schweiz. Alterthumskunde 1869 Taf. V Fig. 4 u. 6 pag. 37.

39. **Statuette einer unbekleideten männlichen Figur.** Höhe 0,07. Der linke Fuss fehlt, der rechte Arm ist vorgestreckt. Rohe Arbeit.

40. **Archaische Statuette** einer unbekleideten unbärtigen Figur. Geschenk von Herrn Sal. Pestalozzi. In dem vollen Haupthaar ein Reif. Der linke Fuss ist etwas vorgesetzt, die rechte Hand hält einen Apfel oder Ball; die linke Hand ist ausgebreitet und scheint ein anderes Attribut gehalten zu haben. Höhe 0,20. Wohlerhaltene Arbeit ohne besondere Sorgfalt.

41. **Statuette einer jugendlich männlichen Figur** mit reichem Haupthaar, zweifelhaft ob antik. Höhe 0,09. Der linke Fuss fehlt; die rechte Hand ist in die rechte Seite gestützt, die linke hält einen Zipfel des Gewandes, welches um die Hüften und den linken Unterarm geschlungen ist. Hübsche Arbeit. Zoller'sche Sammlung. Geschenk von Herrn Schinz-Hirzel.

42. **Statuette eines Mars (?)**. Höhe 0,09. Die Figur ist das Gegenstück zu der unter No. 19 beschriebenen, welcher sie von der Gegenseite entspricht. Fundort unbekannt. Legat von Herrn Sal. Pestalozzi. Die rechte Hand fehlt.

43. **Eine Schnellwaage** (Länge 0,35) mit drei Haken, gefunden bei Edliswyl, Gemeinde Waldkirch, Bezirk Gossau. Als Hängegewicht dient die 0,10 M. hohe Büste eines bärtigen kahlköpfigen Silen mit Schweinsohren, welcher auf der behaarten Brust ein auf der linken Schulter zusammengeknüpftes Fell trägt. Ueber die Stirn zieht sich ein Kranz von Epheudolden hin, welche mit Kupfer eingelegt sind. Die Haare der Brust sind von Silber eingelegt. Das Gesicht ist sehr lebendig ausgeführt, die Stirne gerunzelt, die Augenbrauen stark verzogen, die Pupillen vertieft, der Mund wie im Schreien geöffnet. Die Arbeit durchgängig wohl erhalten. Publicirt von Ferdinand Keller, Mittheilungen der antiquar. Gesellsch. XV 3 Taf. III 4 u. 4ᵃ p. 67.

44. **Büste eines Silen** als Hängegewicht einer Schnellwaage. Höhe 0,09. Ueber der behaarten Brust ein Fell, welches auf der rechten Schulter zusammengeknüpft ist; im Haar ein Kranz von

Epheublättern und -Dolden; der Bart ist in regelmässigen Locken angeordnet. Auf der Höhe des Kopfes ist das Loch sichtbar, in welchem der Ring oder Haken sich befand, welcher zum Aufhängen des Gewichtes diente. (Ein ganz ähnliches Bildwerk wurde 1817 bei Kannstatt gefunden, siehe Memmingers Jahrbücher vom Jahr 1818.) Die Augensterne waren besonders eingesetzt. Die Arbeit ist geringer als die des vorhergehenden Stücks. Gefunden im Schatzbuck bei Kloten im Jahre 1837. Publicirt von Ferdinand Keller, Mittheil. der antiquar. Gesellsch. II. Taf. I Fig. 1.

45. **Büste eines Silen** als Hängegewicht einer Schnellwaage. Höhe 0,12. Auf dem Kopf ein wohlausgearbeiteter Kranz von einer Epheuranke mit Blättern und Dolden, welche den ganzen obern Theil des Kopfes überziehen. Auf beide Schultern fallen Bänder herab. Ueber die behaarte Brust zieht sich ein Ziegenfell, welches über der rechten Achsel zusammengeknüpft ist. Die Augensterne waren aus Blei eingesetzt. Die Arbeit ist durchgängig wohlerhalten, aber von geringerem Werth. Gefunden beim Galgen zu Albisrieden am 17. Novbr. 1838. Publicirt von Ferdinand Keller, Mittheil. der antiquar. Gesellsch. XV 3 Taf. IV 14 p. 83.

46. **Büste eines Silen** als Hängegewicht einer Schnellwaage. Höhe 0,06. Ueber der Brust ein Gewand, das auf der rechten Achsel zusammengeknüpft ist. Wohlerhaltene unbedeutende Arbeit.

47. **Statuette eines Jupiter.** Höhe 0,07. Die Figur ist bekränzt und mit einem Gewand versehen, welches auf der linken Achsel aufliegt und, einmal um den Arm geschlungen, herabfällt. Die linke Hand ist bis zur Höhe der Schulter erhoben und hielt vermuthlich ein Scepter; in der gesenkten Rechten der Blitz. Zoller'sche Sammlung. Geschenk von Herrn Schinz-Hirzel. Unbedeutende Arbeit.

48. **Statuette eines Neptun.** Höhe 0,09. Das rechte Bein ruht auf einer Erhöhung, die rechte Hand, welche ein Attribut gehalten zu haben scheint, auf dem rechten Kniee. Die linke Hand ist erhoben und hielt nach ihrer runden Oeffnung zu schliessen den Dreizack. Hübsche Arbeit. Zoller'sche Sammlung. Geschenk von Herrn Schinz-Hirzel.

49. **Statuette eines Mercur.** Höhe 0,09. Die rechte Hand fehlt. Der Gott ist unbärtig dargestellt mit geflügeltem Petasos, einer Chlamys die über den linken Arm herabfällt, einem Caduceus in der linken Hand, und einem kleinen Widder neben dem rechten Bein. Geschenk von Herrn Pestalozzi. Unbedeutende Arbeit.

50. **Statuette eines Mercur** in demselben Typus. Höhe 0,14. Die linke Hand scheint einen Caduceus, die rechte einen Beutel gehalten zu haben. Hübsche wohlerhaltene Arbeit.

51. **Statuette eines Mercur** in demselben Typus. Höhe 0,07. Beide Füsse und die rechte Hand sowie das Attribut des linken Armes fehlen. Schlecht erhaltene geringfügige Arbeit. Gefunden in dem welschen Dörfchen bei Chur. Geschenk von Herrn Bundesstatthalter von Mohr in Chur.

52. **Statuette eines Mercur** in demselben Typus. Höhe 0,08. Ganz oxydirt. Aus Yverdon.

53. **Statuette eines Mercur** in demselben Typus. Höhe 0,06. Die Beine fehlen. Unbedeutende Arbeit. Legat von Herrn Sal. Pestalozzi. Publicirt von Otto Jahn, Mittheil. der antiquar. Gesellsch. XIV 4 Taf. I Fig. 9 p. 102.

54. **Statuette eines Mercur** in demselben Typus. Höhe 0,15. Der Caduceus fehlt. An den Fussknöcheln Flügel, in der rechten Hand der Beutel. Das Weiss der Augen war von Blei eingesetzt. Gefunden in Pfyn 1862. Hübsche Arbeit. Publicirt von Ferdinand Keller, Mittheil. der antiquar. Gesellsch. XV 3 Tab. V 1 p. 77.

55. **Statuette eines Mercur** in demselben Typus mit achteckiger Basis. Höhe 0,12. Der Caduceus fehlt. Geringe Arbeit. Zoller'sche Sammlung. Geschenk des Herrn Schinz-Hirzel. Gefunden 1709 auf dem Lindenberg. Publicirt von Gottlieb Kypseler de Münster délices de la Suisse I p. 91 Fig. 2; Johannes Müller, Ueberbleibseln von Alter-Thümmeren der Schweiz III. Theil No. XIV. Ferdinand Keller, Mittheil. der antiquar. Gesellsch. XV 3 Taf. V 4 p. 119.

56. **Statuette eines Mercur** in demselben Typus. Gefunden 1694 in Uster. Von der Kunstkammer der Stadtbibliothek. Eine Chlamys, welche auf der rechten Schulter mit einer Spange zusammengenommen ist, bedeckt den Körper. Die Pupillen sind aus anderm Material eingesetzt. Der Caduceus und der vordere Theil des linken Fusses fehlt. Die Statuette war an einem Gegenstand befestigt, wie zwei Löcher auf dem Rücken zu beweisen scheinen. Hübsche wohlerhaltene Arbeit. Beschrieben von Hottinger Helv. Kircheng. I 50; publicirt von Johannes Müller Ueberbleibseln von Alter-Thümmeren XII. Theil no. XIV. Ferdinand Keller, Mittheil. der antiquar. Gesellsch. XV 3 Taf. V 22 p. 117.

57. **Statuette eines Mercur.** Gefunden in Thalweil unweit Zürich. Höhe 0,22. Die Figur steht auf dem rechten Bein, das linke ein wenig zurückgesetzt. Der Kopf ist fast im Profil nach rechts gewandt. An den Füssen und auf dem Petasos Flügel. Von der linken Achsel fällt nach vorn und hinten eine lange mit einer Spange versehene Chlamys herab. Die gesenkte Rechte hielt den Beutel, die etwas erhobene Linke den Caduceus. Die Figur zeichnet sich durch schöne ausdrucksvolle Bewegung und treffliche Arbeit aus, welche leider an vielen Stellen durch Oxydation stark gelitten hat. Mit dieser Statuette zusammen wurden zwei räthselhafte Fragmente von Bronce gefunden. Publicirt von Ferdinand Keller, Mittheil. der antiquar. Gesellsch. XV 3 Taf. V 23.

58. **Ein Caduceus**, vermuthlich von einer lebensgrossen Mercurstatue. Länge 0,27. Die Köpfe der Schlangen, die Spitzen der Flügel und der untere Theil des Stabes fehlen. Gefunden in Kloten.

59. **Ein Broncestab**, Länge 0,21. Mit mehrfach vorstehenden Rippen. Gefunden in Kloten. Vielleicht das untere Ende des vorhergehenden Stücks.

60. **Statuette eines Mercur**, gefunden in Baden. Höhe 0,06. Ein Gewand fällt von der linken Achsel herab, aus dem Haar stehen Flügel empor. Auf dem linken Arm ein Knäbchen, vermuthlich Dionysos. Die rechte Hand fehlt. Unbedeutende Arbeit. Publicirt von Otto Jahn, Mittheilungen der antiquar. Gesellsch. XIV 4 p. 100 Taf. I Fig. 7.

61. **Statuette eines Hercules**, gefunden in Seeb. Höhe 0,10. Der linke Vorderarm fehlt, die rechte Hand hält eine Keule gegen die Hüfte. Im Haupthaar ein Epheukranz, aus welchem auf die Schultern herab zwei Bänder fallen. Hübsche Arbeit. Publicirt von C. Bursian, Anzeiger für schweiz. Alterth. 1869 Fig. 4, p. 66.

62. **Statuette eines Satyrs** (?). Höhe 0,08. Die Figur zeigt sich in ähnlicher Bewegung wie der berühmte sogenannte myronische Satyr des Laterans: das rechte Bein nach links vorgestreckt, den linken Arm gesenkt, den rechten erhoben. Rohe Arbeit. Vergl. Benndorf und Schöne die antiken Bildwerke des Lateran. Mus. no. 225 p. 144.

63. **Statuette eines Mercur** (?). Höhe 0,07. Rohe Arbeit. Beide Arme sind vom Körper weg bewegt und scheinen Attribute gehalten zu haben. Vom linken Vorderarm fällt ein Gewand herab.

64. **Statuette des jugendlichen Hercules**, angeblich aus Pompei. Höhe 0,11. Ein Löwenfell bedeckt den Kopf, den Rücken und den linken Arm, indem die Vorderfüsse desselben auf der Brust zusammengeknüpft sind. Die vorgestreckte linke Hand hielt vermuthlich den Bogen, die rechte die Keule.

Gewöhnliche Arbeit. Publicirt von C. Bursian. Anzeiger für schweiz. Alterthumskunde 1869 p. 37 Taf. V Fig. 2, 2a.

65. **Statuette des jugendlichen Hercules** in ähnlichem Typus. Höhe 0,10. Die linke Hand fehlt, in der rechten hat sich die Keule erhalten. Rohe Arbeit. Legat von Herrn Sal. Pestalozzi.

66. **Statuette des jugendlichen Hercules** in gleichem Typus. Höhe 0,11. Die Attribute fehlen. Rohe Arbeit. Zoller'sche Sammlung. Geschenk von Herrn Schinz-Hirzel.

67. **Statuette des jugendlichen Hercules**. Höhe 0.12. Der linke Fuss und die Attribute fehlen. Das Bekleidungsstück über dem linken Arm ist hier deutlich als Löwenfell characterisirt. Hübsche Arbeit.

68. **Jupiter(?)-Statuette**. Die beiden Arme und das rechte Bein fehlen. Stark oxydirt. Höhe 0.09.

69. **Statuette eines Knaben**. Gefunden 1800 in Baden. Höhe 0,095. Die Figur ist in ein Gewand gehüllt, welches auch den am Leib herabgehenden rechten Arm bedeckt, und trägt im linken Arm eine Maske (?). Geringe schlecht erhaltene Arbeit, welche aber ein hübsches Motiv der Bewegung erkennen lässt. Publicirt von Otto Jahn, Mittheil. der antiquar. Gesellsch. XIV 4 p. 103 Taf. I Fig. 6.

70. **Statuette einer libirenden Frau**. Höhe 0,07. Die Figur ist mit einem ärmellosen gegürteten Chiton bekleidet und trägt in der linken Hand einen runden Gegenstand, in der rechten eine Patera. Das gelöste Haar fällt hinten auf den Rücken herab. Gewöhnliche Arbeit.

71. **Statuette des jugendlichen Bacchus (?)**. Die Figur ist bekränzt und trägt auf dem Rücken einen Köcher (mit einem Riemen, welcher quer über die Brust läuft), in der gesenkten linken Hand eine Traube, in der rechten eine Patera. Geringe Arbeit. Zoller'sche Sammlung, Geschenk von Herrn Schinz-Hirzel. Der Köcher scheint die Figur als Apollon zu characterisiren; indessen sind die Attribute der Traube und der Patera, welche auf eine Figur des bacchischen Kreises hinweisen, deutlich und bestimmt gebildet. Vergl. Stephani, Compte rendu 1861 p. 64 folg., E. Gerhard, arch. Zeitung 1865. p. 97 folg. Publicirt von Otto Jahn, Mittheil. der antiquar. Gesellsch. XIV 4 p. 103 Taf. I Fig. 10

72. **Statuette einer jugendlich männlichen unbekleideten Figur**. Höhe 0.09. Das Haar ist strahlenkranzförmig zusammengenommen, beide Hände scheinen Attribute gehalten zu haben. Rohe Arbeit.

73. **Statuette einer unbekleideten Venus**. Höhe 0,11. Gefunden auf dem Sandbühl beim Kloster Fahr. Geschenk von Herrn H. Hottinger, Sohn, Staatsschreiber. Der linke Fuss fehlt. Im Haar, aus welchem je eine Locke auf die Schultern herabfällt, eine Stephane. Die linke Hand ist vor die Scham gelegt, die rechte wie im Gespräch nach vorn bewegt. Gewöhnliche Arbeit.

74. **Statuette einer unbekleideten Venus**. Höhe 0,06. Auf dem Kopf eine Stephane. Beide Hände sind mit Ordnen oder Ausdrücken des Haares beschäftigt. Zoller'sche Sammlung, Geschenk von Herrn Schinz-Hirzel. Gewöhnliche Arbeit.

75. **Statuette einer unbekleideten Venus (?)**. Höhe 0.13. Die linke Hand ist gesenkt, die erhobene Rechte hielt ein Attribut. Hübsche Arbeit.

76. **Statuette eines jugendlichen Dionysos**. Höhe 0,06. Von Stein a. Rh. im Arrach. Geschenk von Herrn C. Schinz. Dionysos, welcher mit einem auf der linken Schulter geknüpften Thierfell bekleidet ist und im Haar über der Stirn zwei Epheudolden trägt, ruht auf einem Panther, dem er aus einem Gefäss zu trinken gibt, indem er ihn mit dem linken Arm umfasst. Die Vorderfüsse des Panthers fehlen. Geringe Arbeit, hübsches Motiv. Das Ganze scheint als Aufsatz eines Gefässes oder dergleichen gedient zu haben. Publicirt von Ferdinand Keller, Mittheil. der antiquar. Gesellsch. XII 3 Taf. I Fig. 10 p. 126.

77. **Statuette einer bekleideten, vielleicht weiblichen Figur.** Der linke Arm und der rechte Vorderarm fehlen, im Haar ein Kopfaufsatz. Ganz rohe Arbeit, gefunden in Otricoli.

78. **Sogenannter Mars gradivus**, Höhe 0,25, allem Anschein nach eine moderne Arbeit oder Fälschung, obwohl unter dem Postament (auf einer messingenen Lamelle) die Inschrift angebracht ist: »Dise Heidnische Abgoths Mercurii Bildtnus ward den 4 Tag Herbstmonath A°. 1669 von einem Schantzengreber im Thalacher 4 Schuch tief unter der Erden gefunden hervorgegraben nechst Hauses zum Thalhof usgelentes Zychnung«. Die Figur ist im weiten Ausschroiten begriffen, sodass der rechte Fuss aufsteht, der linke nach hinten erhoben ist; der rechte Arm ist gebogen, der linke lebhaft nach vorn ausgestreckt. Bekleidet ist sie nach Art römischer Harnischfiguren, mit kurzer Tunica, Beinschienen, Brustpanzer und einem (phantastisch ausgezackten) Helm mit einer geflügelten Sphinx auf der Spitze. Die Formen des Gesichts sind die eines Knaben. Die Pupillen sind von Silber. Publicirt von Johannes Müller Ueberbleibseln von Alter-Thümmeren XII. Theil No. VII.

79. **Ein lesegearbeiteter Henkel**, welcher mit seinem untern Theile an dem Bauche, mit dem obern an dem Halse eines Gefässes, vielleicht einer Amphora, angesetzt war; gefunden im Loogarten bei Altstetten im Februar 1852. Höhe 0,17. Auf seiner äussern Seite ist er mit Reliefs verziert. Unten steht en face ein bärtiger Mann in einem gegürteten Chiton, welcher die rechte Achsel frei lässt. Mit der gesenkten linken Hand hält er ein vierfüssiges Thier (Schwein) an dem rechten Hinterbein, und legt die rechte Hand auf ein Gefäss mit breitem Fuss (?), welches auf einer Basis oder einem Altar zu stehen scheint. Ueber seinem Haupte, auf einem besondern Boden, brennendes Feuer. Darüber gleichfalls auf einem besondern Boden, stark verwaschen, die Figur eines Mercur mit Chlamys und Beutel. Ueber seinem Kopf eine Vertiefung, scheinbar für eine Ueberschrift. Publicirt von Ferdinand Keller im Anzeiger für schweiz. Geschichte u. Alterthumskunde 1855. p. 19 f., und in den Mittheilgn. der antiq. Ges. XV 3 Taf. IV 30, 30 a.

80. **Figur eines Silen** als Figur einer Lampe, gefunden zu Elgg im Canton Zürick. Länge 0.11. Der Silen, über dessen Glatze ein Epheukranz sich hinzieht, knuert am Boden, indem seine Füsse gegen die Schnauze der Lampe gestemmt, seine Hände um eine zweite Oeffnung der Lampe gelegt sind, welche sich dicht in der Nähe seines Mundes, scheinbar in seinem dicken behaarten Bauche, befindet. Auf seinem Rücken ist ein Ring, über welchen ein Blatt gelegt ist, als Griff der Lampe, befestigt. Anmuthiges Motiv bei geringer Arbeit. Publicirt von Ferdinand Keller in den Mittheilgn. der antiq. Ges. XV 3 Taf. IV 31 p. 96.

81. **Lampe**, gefunden in Windisch. Länge 0,10. Der Griff und der Boden fehlen.

82. **Visirhelm**, vermutblich von einer kleinen Statuette, gefunden in Lunnern. Höhe 0.10. Unter dem Helmbusch kauert ein undeutlich gebildetes vierfüssiges Thier. Publicirt von Jacob Breitinger, znverlässige Nachricht von dem Alterthum der Stadt Zürich 1741. Taf. G, p. 17. Johannes Müller, Ueberbleibseln von Alterthümern. VIII. Theil, No. 1. Tab. II. Fig. G. Ferdinand Keller, Mittheilgn. der antiq. Ges. XV. 3. Taf. IV. 37. p. 100.

83. **Statuette einer unbekleideten männlichen Figur** mit prominirenden Geschlechtstheilen. Rohe Arbeit. Höhe 0.10. Aus der Stadtbibliothek.

84. **Eine dergleichen.** Höhe 0,09. Geschenk von Herrn O. G. Wirz.

85. **Eine dergleichen.** Höhe 0,11. Gefunden zum Sandbühl beim Kloster Fahr. Geschenk von Herrn Staatsschreiber Hottinger Vater. Auf der rechten Seite des Haares hängt ein besonderer Zopf

(cirrus?) auf die Seite. Die Haltung der Arme ist ähnlich wie bei den oben beschriebenen Herculesstatuetten. Rohe Arbeit. Publicirt von C. Bursian, Anzeiger für schweiz. Alterthumskunde 1869. p. 37. Taf. V. Fig. 3.

86. **Eine dergleichen**, gefunden in Wettingen. Höhe 0,09. Der rechte Fuss und beide Arme fehlen.

87. **Statuette einer weiblichen Figur** in gegürtetem Chiton. Höhe 0,05. In der Mitte des Gürtels eine grosse scheibenartige Verzierung. Beide Arme sind vom Körper wegbewegt. Geringe undeutliche Arbeit. Aus dem welschen Dörflein bei Chur; von Herrn Bundesstatthalter v. Mohr in Chur.

88. **Statuette einer weiblichen Figur**, welche als Ornament an einem Griff oder Henkel gedient zu haben scheint. Höhe 0,07. Die Figur, welche unterhalb der Hüften vermuthlich in ein Ornament auslief, trägt auf dem Kopf einen Korb, den sie mit der rechten Hand unterstützt; der linke Arm geht am Leib herab. Zoller'sche Sammlung. Geschenk von Herrn Hirzel-Schinz.

89. **Ein Ring** mit einer Erhöhung oben, welche mit einem Thierkopf verziert war. Höhe 0,04.

90. **Ein hermenförmiger bärtiger Kopf** mit breiter Nase, dessen Obertheil rechts und links in zwei Spitzen ausläuft, vielleicht von einem Geräthe. Höhe 0,04.

91. **Einer dergleichen**, unbärtig. Höhe 0,06.

92. **Herme**, nach unten spitz zulaufend, mit einem bärtigen Kopf, welcher dem vorigen Stück gleicht. Höhe 0,08.

93. **Herme**, nach unten spitz zulaufend. Höhe 0.10. Mit dem Obertheil einer unbärtigen, rohgearbeiteten Figur, welche in der rechten Hand ein Messer (?) hält, in eine Paenula (?) gehüllt ist und auf dem Kopf einen Halbmond zu tragen scheint.

94. **Rechter mit Sandalen bekleideter Fuss.** Fragment einer Statuette. Höhe 0,05. Aus dem welschen Dörflein bei Chur. Geschenk von Herrn Bundesstatthalter v. Mohr. Publicirt von Ferdinand Keller, Mittheilgn. der antiquar. Gesellsch. XII. 7. Taf. VI. Fig. 9.

95. **Fragmentirte Büste einer Frau.** Höhe 0,07. Vielleicht Ansatz eines Gefässes. Die Schultern sind mit Gewand bedeckt; um die Brust zieht sich ein Blätterkelch, in welchem ein undeutlich gebildetes Thier (Kaninchen ?) sichtbar ist. Geringe Arbeit.

96. **Sitzende Statuette eines Amor** mit ausgebreiteten Armen. Höhe 0,035. Geringe Arbeit.

97. **Statuette eines kahlköpfigen Satyr (?)**, welcher, Brust und Arme in ein Gewand gehüllt, einen Tanz aufzuführen scheint. Höhe 0,10. Der linke Fuss und rechte Unterschenkel fehlt. Gewöhnliche Arbeit.

98. **Kopf einer behelmten weiblichen Statuette.** Höhe 0,04. Der Helmbusch fehlt. Geringe Arbeit. Geschenk von Herrn Schinz-Hirzel.

99. **Statuette eines bärtigen Mars.** Höhe 0,08. Der Helmbusch, beide Vorderarme und Unterschenkel fehlen. Die Figur ist mit einem Chiton und darüber mit einem Panzer bekleidet, auf dessen Bruststück ein Gorgoneion sich befindet. Der rechte Arm war erhoben und stützte vermuthlich eine Lanze auf. Gewöhnliche Arbeit.

100. **Statuette eines unbekleideten unbärtigen Reiters.** Länge 0,9. Die Zügel waren besonders angesetzt. Die Unterbeine des Pferdes fehlen. Rohe Arbeit. Legat von Herrn Sal. Pestalozzi.

101. **Schreitender Stier** mit geschwungenem Schweif auf modernem Postamente. Länge 0,10. In der Mitte des Rückens oben ein Loch, ein zweites in der Stirne, eine Beschädigung hinter den Hörnern am Halse. Die Pupillen waren besonders eingesetzt, das Weiss der Augen mit Silber.

Schöne wohlerhaltene Arbeit. Der rechte Hinterfuss fehlt. Vielleicht war auf dem Thier eine Statue (Europa?, vergl. Otto Jahn die Entführung der Europa Taf. III, IV) befestigt. In Bruckner's Merkwürdigkeiten der Landschaft Basel XXIII 16, 3 ist unter den Alterthümern von Augst ein ähnlicher Stier abgebildet, auf welchem eine jugendlich männliche unbekleidete Figur sitzt, die mit der rechten Hand am linken Horn des Stiers sich anhält.

102. **Gefässfuss,** Höhe 0,07, bestehend aus Fuss und Kopf eines Greiffen mit zwischengesetztem Schlangenornament. Publicirt von Otto Jahn, Mittheil. der antiq. Gesellsch. XIV 4 p. 103 Taf. I Fig. 11.

103. **Stier.** Länge 0,07. Geringe Arbeit. Gefunden auf dem Lindenberg 1709. Zoller'sche Sammlung. Geschenk von Herrn Schinz-Hirzel.

104. **Relief eines Löwen,** zum Ansetzen an eine Fläche bestimmt. Länge 0.12.

105. **Griff eines Messers (?),** aus zwei Theilen zusammengelöthet, in Windisch gefunden, zweifelhaft ob antik. Der obere Theil besteht aus einem Greiffenkopf, der in Blätter ausläuft, der untere aus einem Schlangengewinde. Höhe 0,08.

106. **Liegender Löwe** mit zwei Oesen, von einem Gefäss. Länge 0,04. Geringe Arbeit.

107. **Liegendes katzenartiges Thier** aus Windisch. Länge 0,04. Geringe Arbeit.

108. **Unbärtiger männlicher Kopf von einer Statuette,** ein Band im kurz gelockten Haar, aus Piedimonte. Höhe 0.03. Geringe Arbeit.

109. **Ring** mit einer oblangen Platte, auf welcher sich die Büste einer unbärtigen männlichen Figur erhebt. Gewöhnliche Arbeit, Höhe 0,06. Aus Piedimonte.

110. **Hochrelief eines weiblichen Kopfes** in langen Haaren, Aufsatz eines Gefässes aus Piedimonte. Höhe 0,07.

111. **Basrelief eines unbärtigen Satyrkopfes** en face mit geöffnetem Mund, zum Ansetzen an eine Fläche bestimmt. Höhe 0,04. Gefunden zu Neftenbach im Canton Zürich im Jahre 1780. Publicirt von Joh. Müller, Ueberbleibseln von Alter-Thümmeren X. Theil 20 Tab. 1, Fig. 10. Ferdinand Keller, Mittheil. der antiquar. Gesellsch. XV 3 Taf. XI 2 p. 107.

112. **Hochrelief eines Löwenkopfs** en face in einem Rund, zum Ansetzen bestimmt. Aus Augst. Höhe 0.05.

113. **Fragment einer fibula** und vier andere Stücke von unsicherer Bestimmung, aus Piedimonte.

114. **Ein colum nivarium** von gelber Bronce, einzusetzen in einen gelben Tigel. Länge 0,30.

115. **Eines dergleichen** mit abgebrochenem Henkel. Länge 0,17.

116. **Ein Tigel** mit durchgebrochenem Henkel. Länge 0.23.

117. **Durchbohrtes Fragment eines Tigelgriffs,** Länge 0,10, mit eingepresster undeutlicher Inschrift CIPI·POLI·BT.

118. **Vier Löffel.** Länge 0,08 — 0,12.

119. **35 Schlüssel** von verschiedener Länge und verschiedenen Formen, zwei Griffe von eisernen Geräthen. Länge 0,15.

120. **Ein liegender Panther,** welcher einen Hasenkopf zerfleischt, Griff eines Schlüssels. Länge 0,14. Gefunden zu Altstetten. Publicirt von Ferdinand Keller, Mittheilgn. der antiquar. Gesellsch. XV 3 Taf. IV 31 p. 84.

121. **Fragmente von niedrigen Schalen und Tellern.**

122. **Zwei gerippte Beinschienen** aus Piedimonte. Länge 0,15.

123. **Zehn kleinere Broncestücke** aus Piedmonte, darunter drei phallische Amulette, wovon eine geflügelt.
124. **Ein Schöpfgefäss** mit einem Henkel, an dessen einem Ende ein Gorgoneion, an dessen anderem ein Löwenkopf in Relief schlecht ausgepresst ist. Höhe 0,15. Aus Ungarn.
125. **Ein wohlerhaltener Zirkel.** Länge 0,15.
126. **Ein wohlerhaltenes Charnier** aus Kloten. Länge 0,13.
127. **Ein Schöpfeimerchen** mit beweglichem Henkel und Haken. Höhe 0.18.
128. **Ein Hammer** ohne Stiel.
129. **Fünf runde Becken** aus der Sammlung des Herrn Kiss in Ungarn. Durchmesser 0,24 — 0,40.
130. **Zwei einhenklige Kannen.** Höhe 0.14 und 0.15. Aus Ungarn.
131. **Zwei Balken** von zwei Hängewagen. 0,15 und 0,22.
132. **23 Glocken,** 0.3 — 0.12.
133. **Ein stark oxydirter Spiegel** mit Griff, aus der Krimm. Länge 0,20. Geschenk des Herrn Du Bois de Montpéreux, vergl. dessen voyage au Caucase s. IV pl. XXXa Fig. 15.
134. **Eine fibula** mit eingepresster Inschrift: ●ATRIXTO●, vergl. F. Keller und H. Meyer, Mittheil. der antiquar. Gesellsch. XV 5 p. 219.

III. Monumente aus Blei und Knochen.

135. **Ein Schleuderblei** aus Cephalonien, 1859 durch Herrn Mousson geschenkt, mit Aufschrift eines Buchstabens, Υ, vielleicht Rest eines Koppa. Vergl. W. Vischer antike Schleudergeschosse No. 1, epigraphische und archäologische Kleinigkeiten I, 3.
136. **Ein Bleiring** mit dem Relief eines Ankers.
137. **Elfenbeinernes Diptychon des Consuls Areobindus** aus dem Jahre 506 nach Christus. Höhe 0,36, Breite 0.11, Dicke 0,12. Die eine der beiden Tafeln ist auf der linken Seite fragmentirt. Publicirt von Hagenbuch de diptycho Brixiano Turici 1749 p. 232 folg. Gori thesaurus diptychorum I 208. Salomon Vögelin, Mittheil. der antiquar. Gesellsch. XI 4 p. 77 folg. (mit Bemerkungen von Th. Mommsen). Die Inschriften bei Th. Mommsen Inscriptiones Helv. 76 no 342. Die Arbeit ist wohlerhalten und kann für den Kunstcharakter der Zeit sorgfältig genannt werden. Beide Tafeln sind auf ihrer Aussenseite an allen vier Rändern mit einem schmalen Rahmen umgeben, haben am innern Seitenrande fünf (ursprüngliche) Löcher, durch welche zur Befestigung Schnüre gezogen waren, und zeigen auf ihrer innern glatten Seite einen schmalen Rand und eine leichte Vertiefung, in welche Wachs gestrichen oder Papyrusblätter eingelegt werden konnten. Andere in den Rand gebohrte Löcher, sowie die Spuren eines Charniers rühren aus späterer Zeit her.*)

Die Aussenseiten sind oben mit einer Inschrift, in der Mitte mit dem Bilde des Consuls auf der Sella curulis, unten mit einer Darstellung von Thierkämpfen versehen. Die Inschrift befindet sich in einer besondern oblongen Tafel, deren Schmalseiten die übliche Ausschweifung zeigen. Die Inschrift der Vorderseite in zusammengedrängten und in die Höhe gezogenen Buchstaben, die Worte durch Punkte oder Striche getrennt,

---

*) Die nachfolgende Beschreibung weicht nur in untergeordneten Einzelheiten von den sorgfältigen Beobachtungen Sal. Vögelins ab und ist stellenweise wörtlich nach seinem Text gegeben.

lautet: FL·AREOB·DAGAL·AREOBINDVS·VL Flavius Areobindus Dagalaiphus, Areobindus, vir illustris. Die Inschrift der Rückseite, in gleichen Charakteren: EXC·SAC·S'I'A·ET'MMI'OR·EXC·C·OR excomes sacri stabuli et magister militiae per orientem, exconsul, consul ordinarius. Unter der Inschrift auf beiden Tafeln das identische Bild des Consuls, eingefasst von zwei korinthischen Pilastern, von denen allein die Kapitäle rechts und links in den Ecken oben zu sehen sind. Der Consul, bartlos und mit kurzem Haupthaar, sitzt auf einer sella curulis. Er trägt 1) eine Toga picta mit einem Muster von Rosetten und Rauten mit sternförmiger Füllung, 2) unter der Toga ein Superhumerale (zwei breite Streifen, welche von beiden Schultern her auf der Brust sich vereinigen und vereinigt bis zu den Füssen hinabhängen (von der Toga deutlich unterschieden durch einen doppelten Saum und das kleinere Muster der Verzierungen), 3) eine doppelte Tunica, deren untere bloss in einem schmalen Streifen bei den Füssen sichtbar wird, deren obere, mit langen anliegenden Aermeln versehen, am Hals und unterm Saum mit einer Bordüre von Palmblättern, überdiess mit einem Muster von grössern Rauten und kleinen Sternen verziert ist. Die Figur erhebt in der Rechten die Mappa als Zeichen zum Beginn der Spiele und trägt in der linken Hand, auf das Kniee gestützt, ein Scepter, dessen oberes Ende durch ein Blättercapitäl mit figürlichem Aufsatz gebildet wird: ein Adler in einem Blätterkranz, darüber eine auf einem besondern Boden stehende Figur mit kurzem Gewand, welche am linken Arme einen Schild, mit der erhobenen Rechten eine Lanze hielt (zu undeutlich gebildet und zu gering erhalten, um eine zuverlässige Benennung zu gestatten, nach Vögelin: Mars). Rechts und links vom Consul steht en face im Hintergrund je eine unbärtige Figur mit kurzem Haupthaar, welche mit einem gestickten, auf der rechten Schulter durch eine Spange zusammengehaltenen Gewande bekleidet ist, vermuthlich Diener oder Begleiter des Consuls, Leich de dipt. p. XX. Die mit Riemenschuhen bedeckten Füsse des Consuls ruhen auf einem oblongen mit kreuzweisen Linien verzierten Schemel. Die sella curulis wird von vier geschweiften, unten in Löwenklauen, oben in Löwenköpfen (mit Ringen im Maul) endenden Füssen getragen, welche kreuzweise nach Art eines Klappstuhls über einander gelegt sind. Auf dem mit einfachem Linearornament verzierten Sitzbrett liegt ein gesticktes Kissen und steht an beiden vordern Ecken rechts und links en face je eine weibliche Figur (ohne Flügel) in einem gegürteten ärmellosen flatternden Chiton, welche mit beiden erhobenen Händen über dem Kopfe einen Schild (?) mit einem Thierkopf (?) in der Mitte trägt.

Unter dem Bilde des Consuls schliesst eine runde Brüstung, als Gitter der Arena bezeichnet, den Kampfplatz von den Sitzen der Zuschauer ab. Ueber die Brüstung sehen mit Kopf und (bekleideter) Brust acht Zuschauer (wovon zwei deutlich kahlköpfig) hervor, deren Theilnahme der Bildschnitzer durch Neigung der Köpfe und bei den äussersten durch Erhebung der Hand zu erkennen gegeben hat. Unter der Brüstung befindet sich auf der Hauptseite die Darstellung eines Löwenkampfes. »Viermal ist die Gruppe eines Gladiators, welcher einem Löwen den Speer in die Brust rennt, in derartiger Anordnung gegeben, dass sich die Stellung der Leiber und Köpfe kreuzweise entspricht und oben die beiden Männer, unten die beiden Löwen sich den Rücken kehren.« »Oben in der Mitte steht oder schreitet, in eine Tunica gekleidet, der Magister oder Excercitator bestiariorum, der die Kämpfenden (mit erhobenem linkem Arm), anfeuert und leitet. An den Seiten zeigen vier offene Thürflügel die Thürbehälter an. Die Kämpfer trugen lange Beinkleider und Stiefel. (Vögelin nimmt eine doppelte und gesonderte Bekleidung der Beine am Ober- und Unterschenkel an, allem Anschein nach getäuscht durch eine conventionelle Art in der Angabe der Musculatur.)

«Der Oberleib ist nackt, von der linken Schulter auf den Arm hängt zum Schutze ein viereckiges Stück Tuch oder Leder mit breitem Rande» (galerus, vergl. Friedländer Sittengeschichte II p. 198, 2). Auf dem entsprechenden Felde der Rückseite ist eine Bärenhetze dargestellt. «Zunächst am rechten Ende unten ein Mann, der einem Bären eine Art Drehkreuz gleich einer Garnwinde vorhält, an dem er sich halten und schnell herumdrehen konnte» (vergl. die Wiederholung bei Gori I 128). «Das Thier biegt seinen Kopf um die Maschine herum und scheint dem Manne das Bein zu packen. In der Mitte steht ein zweiter Mann mit einer hoch erhobenen Schlinge, die er an einem Seil trägt. Ein dritter schwingt sich mit weit ausgespreiztem Bein über das zweite Thier weg, das nach ihm schnappt. Oberhalb läuft ein vierter, mit einem Tuche versehen, wie der erste, welchem der dritte Bär ins linke Bein beisst.» Den Hintergrund nimmt in der Mitte das aus Quadersteinen aufgeführte Behältniss der Thiere mit verschlossener Thüre ein. An der obern Seite rechts steht ein Magister an einer offenen Thüre und erhebt den rechten Arm. Links entsprach eine andere Figur, welche zum grösstentheil weggebrochen ist. Rechts neben dieser letztern steht eine seltsame menschliche Figur en face, unförmlich gebildet, mit kreuzweisen Bändern über der Brust und fünf kreuzweise gebohrten Löchern im Gesicht, — vermuthlich eine Figur von Heu oder Stroh, wie man sie den Thieren hinstellte, um sie zum Kampfe zu reizen. Die Bekleidung der Kämpfer ist nicht deutlich erkennbar. Der zweite Kämpfer und der Magister tragen beide eine Tunica. In zwei Lücken der Darstellung je ein scheibenförmiger durch Kreuzlinien eingetheilter Gegenstand (ein Brot?), welcher einmal auch auf der Vorderseite in einer Lücke vorkommt.

Beide Tafeln befanden sich früher im Besitz des berühmten Orientalisten und Historikers J. H. Hottinger (1697) und gelangten 1787 in die Kunstkammer der Stadtbibliothek. Ueber die Details der Geschichte s. Vögelin a. a. O. p. 87. Das Diptychon ist später zu kirchlichem Gebrauch verwendet worden. Auf der innern Seite der vordern Tafel findet sich, von einer Hand wohl des neunten Jahrhunderts, eine Angabe der Fasten- und Osterzeit mit Dinte aufgeschrieben, mitgetheilt von Vögelin a. a. O. p. 89.

138. **Elfenbeinrund**, mit Darstellung von Venus und Adonis. Höhe 0.08. Durchmesser 0,12. Veröffentlicht von C. Bursian im Anzeiger für schweiz. Alterthumskunde März 1869, pag. 8 fgd. Dieses Stück, «welches früher der mit der zürcherischen Stadtbibliothek verbundenen Kunstkammer angehörte, nach Auflösung derselben in die Sammlung der antiquarischen Gesellschaft übergegangen ist, bildete ursprünglich den Körper einer vielleicht zur Aufbewahrung von Schmuck- oder Toilettegegenständen bestimmten Büchse, zu welcher jedenfalls noch ein aus demselben Zahn geschnittener, aber besonders gearbeiteter Boden und ein flacher Deckel von gleicher Form gehörte. In späterer Zeit ist das Rund zur Bekleidung einer hölzernen verschliessbaren Büchse oder Schachtel angewandt worden, wie zahlreiche theils zwischen den Figuren, theils durch die Figuren selbst eingebohrte kleine Löcher und ein nachträglich durch Abarbeitung des Reliefs geglätteter Streifen von 0,05 Breite, in welchem fünf grössere Löcher zum Anheften eines Schlosses angebracht sind, zeigen. Durch die Abarbeitung sind die äusseren Conturen des linken Armes der einen Frauengestalt und ein Theil des über denselben geschlagenen Gewandzipfels, sowie ein Stück von dem aufgehobenen linken Vorderfusse des Pferdes, welcher auf der andern Seite dem abgeglätteten Stücke zunächst steht, verloren gegangen; zunächst jener Frauengestalt bemerkt man auf der abgearbeiteten Stelle noch Reste von den Umrissen eines Baumes, neben dem wahrscheinlich noch ein zweiter grösserer gestanden hat:

eine menschliche Figur scheint, nach der Symmetrie der Composition zu schliessen, nicht verloren gegangen zu sein.«

»Die in Relief von mässiger Erhebung ausgeführte Darstellung (einige Nebendinge, wie ein Paar Blumen und einige Gewandzipfel sind nur durch vertiefte Umrisse angedeutet, die Augensterne an allen Figuren vertieft) zeigt uns zwei durch einen Baum (eine oben in zwei Aeste auslaufende Linie) getrennte Scenen von je vier Personen. Den Mittelpunkt der einen, offenbar der Hauptscene, bilden zwei auf einem nach unten bogenförmig abgeschlossenen, durch ein Netzwerk sich kreuzender Linien charakterisirten Sitz, einem Sigma, unter welchem ein mit Früchten gefüllter Korb steht, sitzende Figuren: rechts vom Beschauer eine Frau mit einem Halsband (Venus, ein shawlartiges Gewandstück zieht sich von beiden Oberarmen aus hinter ihren Rücken hin), das linke Bein über das rechte geschlagen, mit beiden Händen die Enden ihrer langen Haarflechten emporhaltend, ganz wie die dem Meer entstiegene Venus anadyomene, welche sich die Haare auswindet; zur Linken ein mit kurzem gegürtetem Aermel-Chiton, Chlamys (die den Rücken, die linke Schulter und den linken Oberarm bedeckt) und mit Jagdstiefeln (die nur durch Einschnitte an den Schienbeinen angedeutet sind) bekleideter Jüngling (Adonis), der den linken Arm auf den Sitz aufstützt, während er mit der Rechten einen bis auf den Boden herab reichenden Speer hält. Links neben dem Jüngling steht, nach links gewendet, ein aufgezäumtes und gesatteltes Ross, welches ein mit gegürtetem Aermel-Chiton, Chlamys und Stiefeln bekleideter Mann (ein Gefährte des Adonis), der eine Peitsche in der Linken trägt, mit der Rechten am Zügel hält. Neben der Frau steht am Boden ein grosser mit Früchten gefüllter Korb, auf demselben in tanzender Bewegung ein nackter Knabe (Amor), der mit der Rechten einen Kranz gegen die sitzende Frau hinhält; zwischen beiden ist eine Blume auf hohem (nur eingeritztem) Stengel erblüht.«

»Die zweite Scene, rechts von dem erwähnten Baume, enthält ebenfalls vier Figuren. Dem Baume zunächst steht, nach rechts gewendet, eine etwas kleiner als die übrigen gebildete Frauengestalt in langem Untergewande, welche ein hornartiges Instrument (die tiefe phrygische Flöte) mit beiden Händen an den Mund hält: zu ihrem Blasen tanzen drei mit langem unter der Brust gegürtetem Untergewande und shawlartig über die Arme geschlagenen Obergewande bekleidete Frauen, von denen zwei (die eine dem Beschauer die Vorder-, die andere die Rückseite zukehrend) gemeinschaftlich einen Kranz mit der Linken halten, während jede in der erhobenen Rechten einen nicht ganz deutlichen Gegenstand (wahrscheinlich Cymbeln oder auch Castagnetten zur Begleitung ihres Tanzes) trägt; die dritte, am weitesten rechts, welche dem Beschauer wieder ihre Vorderseite zuwendet hält in beiden Händen den gleichen Gegenstand. Zwischen der Flötenspielerin und der ersten Tänzerin steht ein Korb mit Früchten und dahinter eine Blume; unter dem von der ersten und zweiten Tänzerin gehaltenen Kranze erblicken wir auf einer in zwei niedrigen Stufen gegliederten Basis einen ziemlich formlosen rundlichen Gegenstand — das Ganze wohl ein niedriger Altar zu ländlichen Opfern —, über dem Kranze in der Höhe einen Korb mit Früchten; ein gleicher endlich wieder mit einer Blume dahinter, steht zwischen der zweiten und dritten Tänzerin. Ueber der Stirn tragen alle drei Tänzerinnen einen schmalen aufrecht stehenden Gegenstand, ähnlich den Federn, welche wir nicht selten auf Sarkophagreliefs als Kopfschmuck der Musen finden.« In diesen Tänzerinnen erkennt Bursian die drei Grazien als Begleiterinnen der Venus. Die Arbeit ist nachlässig und schwerlich älter als das vierte Jahrhundert unserer Zeitrechnung.

139. **Einfach ornamentirter Griff eines grossen Messers.** Länge 0,17.
140. **Zwei Ringe** von St. Aubin, der eine mit einer komischen Maske, der andere mit der Aufschrift: TITE.
141. **Verschiedene Charniere oder Flötentheile.**
142. **Verschiedene Nadeln** mit und ohne Oese, **mehrere Löffel, Kämme, Schreibgriffel, einfache Ringe, Schnallen** u. s. w.

IV. Monumente aus edlem Metall. *)

I. Goldschmuck, gefunden zu Niederlunnern, Gem. Ottenbach, Ct. Zürich, in den Ruinen eines römischen Hauses, im Jahre 1741:
143. **Halskette** mit Schloss, Filigranarbeit.
144. **Halskette** mit medaillonartigem Schloss, Filigranarbeit.
145. **Medaillon**, Filigranarbeit.
146. **Halskette** mit einfachem Schloss.
147. **Eine dergleichen.**
148. Eine breite schwere **Haarnadel.**
Beschrieben und abgebildet in Joh. Müller's Alter-Thümmeren VIII. Theil p. 1 Fig. 1. Ferner beschrieben von J. Georg Sulzer: »Fortsetzung der Beschreibung merkwürdiger Antiquitäten, welche bei Lunnern in der Herrschaft Knonau sind gefunden worden. Zürich 1741.« Nach den zugleich gefundenen römischen Münzen stammt das Geschmeide aus dem 4. Jahrhundert.

II. Goldschmuck, gefunden am 27. Juli 1869 bei der Strafanstalt in Zürich. Er besteht aus 8 Stücken:
149 und 150. **Zwei Spangen,** die einander ganz ähnlich sind und von denen die eine 82,7, die andere 81,6 Gramm wiegt. Jede derselben besteht aus zwei 0,19 langen Blechstreifen, die der Länge nach in der Mitte unter rechtem Winkel gebogen und an der Kante an einander gelöthet wurden. In die Ecken der Streifen sind vier vermittelst der Feile gerippte Drähte eingefügt und durch Löthen befestigt. Die mit grosser Naturwahrheit ausgeführten Schlangenköpfe, in welche die Ringe ausgehen, sind nicht aus freier Hand verfertigt, sondern auf der Stange getrieben. War das Band somit vollendet, so wurde es drei Mal um sich selbst gedreht und in die für das Handgelenke passende Form gebracht.
151 und 152. **Zwei ganz gleiche Ringe** mit Reliefköpfen auf den Platten; Herakles, vollbärtig, mit der Keule, deren dickes Ende über der linken Schulter sichtbar ist. Das Relief ist ebenfalls durch Pressen auf einer Stange hervorgebracht.
153. **Ring** mit Gemme von Achat-Onyx, auf welchem in vortrefflicher Ausführung ein Rabe, der Vogel des Apollon, welcher ein Attribut seines Gottes, eine Leyer (an welcher der aus einer ganzen Schildkrötenschale gebildete Schallkasten sehr deutlich sichtbar ist) in den Klauen hält.
154. **Ring** mit Carneol, worauf in fast mikroscopischer Kleinheit ein Delphin erscheint.
155. **Ring** aus einem Draht, dessen beide Enden in zwei Schlangenköpfe ausgehen und die Stelle eines geschnittenen Steines vertreten.

*) Die Beschreibung dieser Gegenstände rührt von Dr. F. Keller her.

156 und 157. **Zwei Ringe**, deren Steine aus den Platten herausgefallen sind. Beschrieben und abgebildet im Anzeiger für schweiz. Alterthumskunde 1868 von Ferd. Keller und C. Dursian.

V. Geschnittene Steine.

158. **Carneol**. Länge 0.011. Weibliche Maske, nach links im Profil, mit Haarschmuck und herabfallenden Bändern.

159. **Graue antike Paste**. Länge 0.011. Sehr beschädigt. Ein unbekleideter Eros steht nach links und hält einen traubenähnlichen Gegenstand über einem mit ausgebreiteten Flügeln vor ihm stehenden Vogel (Schwan?).

160. **Carneol**, am obern Ende verletzt. Länge 0.016. Weiblicher Kopf im Profil nach rechts, mit Gewand um den Schultern und einem anliegenden Helm mit breitem Rande.

161. **Onyx**. Länge 0,014. Der Kentaur Chiron den Achill unterweisend. Links steht en face der jugendliche Achill, im linken Arm eine Leier, den Kopf nach rechts gewandt, den rechten Arm gesenkt. Rechts der Kentaur, nach links gewandt, mit den Hinterbeinen am Boden kauernd, mit dem rechten Arm über die Brust des Achilles greifend. Ueber seiner Schulter scheint der Köcher angedeutet zu sein. Im Grund eine aufrecht stehende Lanze und ein Helm auf einem Pfeiler (?).

162. **Carneol**. Länge 0,012. Ein Helm mit Backenklappen und einer Crista, auf welcher eine Eule hockt; hinter demselben zwei Lanzen.

163. **Chalcedon**. Länge 0,013. Auf einem hohen Thron mit Rückenlehne sitzt Jupiter (?) nach rechts, indem er mit der Rechten einen Scepter aufstützt und die Linke mit einer Schale (?) vorstreckt. Zu seinen Füssen ein Adler.

164. **Achat**. Länge 0,08. Ein Esel, nach links gewandt, mit gebücktem Kopfe.

165. **Onyx**. Länge 0,011. Eine männliche Figur steht nach links im Profil, mit einem bis zu den Knieen reichenden Untergewand und einer Chlamys bekleidet; sie stützt die rechte Hand auf einen Stab.

166. **Fragmentirter Lapis Lazuli**. Länge 0,016. In flüchtigster Weise eingeschliffen die kaum erkennbare Figur eines bärtigen nach links gewandten Mannes vor einem Altar mit brennendem Feuer.

167. **Carneol**. Länge 0.011. Nach rechts gewandt steht eine bärtige Figur mit Helm, Harnisch, Chiton und hohen Schuhen, welche mit der Linken eine Lanze aufstützt und mit der gesenkten Rechten einen Schild hält.

168. **Achat**. Länge 0,016. Der siebenarmige Leuchter der Juden.

169. **Achat**. Länge 0,012. Ein unbekleideter Krieger kniet nach links auf dem Boden; er trägt einen Helm mit langer Crista, hält in der linken Hand ein Schwert und am rechten Arm einen Schild (?).

170. **Blaue antike Paste**. Länge 0.012. Stark beschädigte undeutliche Figur.

171. **Blaue antike Paste**. Länge 0,01. Stark beschädigt. Nach links steht der jugendliche Dionysos, der in der linken Hand einen Thyrsosstab und mit der Rechten eine Traube über einem Panther hält.

172. **Carneol**. Länge 0,013. Capricornus nach links gewandt.

173. **Achat.** Länge 0,012. Ein Eber im Lauf nach links.
174. **Lapis Lazuli.** Länge 0.011. Ein storchähnlicher Vogel mit geöffnetem Schnabel steht nach rechts auf einer Kugel. Rechts und links je ein Stern.
175. **Chalcedon.** Länge 0,014. Zwei Vögel hocken in entgegengesetzter Richtung auf einem Thyrsosstabe.
176. **Blaue antike Paste.** Länge 0,014. Undeutlich erhalten. Nach rechts gewandt eine phallische Herme (?) mit Füssen und Armen; auf der halb erhobenen linken Hand eine Schale, im rechten Arm ein runder undeutlicher Gegenstand.
177. **Carneol.** Länge 0,012. Weibliche Maske nach links im Profil, mit hohem Onkos und zwei herabfallenden Locken.
178. **Braune antike Paste.** Länge 0,013. Undeutlich erhalten. Links steht eine weibliche, rechts eine männliche Figur, welche sich umarmen; beide sind unbekleidet.
179. **Carneol.** Länge 0.008. Eros, unbekleidet, steht nach links und hält mit beiden Händen einen Blitz.
180. **Chalcedon.** Länge 0,014. Ein Steuerruder.
181. **Carneol.** Länge 0,009. Nach links gewandt ein Hippokamp.
182. **Chalcedon, Cameo.** Länge 0,009. Ein lachender männlicher Satyrkopf en face, zweifelhaft ob antik.
183. **Lapis Lazuli.** Länge 0,01. Ein nach links laufender Hund.
184. **Carneol.** Länge 0,015. Eine männliche Figur mit Helm und Panzer steht nach rechts, mit der gesenkten Rechten den Schild haltend, mit der erhobenen Linken eine Lanze aufstützend, deren Spitze nach unten gekehrt ist.
185. **Carneol.** Länge 0,012. Nach links gewandt ein unbärtiger Kopf (Sol?) mit langem Haar, in welchem ein Reif mit fünf in die Höhe stehenden Strahlen.
186. **Fragmentirter Broncering** mit eingesetzter weisser Paste. Ein bärtiger Silenskopf en face.
187. **Carneol.** Länge 0,017. Geschenk von Herrn Escher von der Linth. Zwei durch eine Schnur verbundene Fische.
188. **Carneol** in einem massiv goldenen Ring aus dem römischen Grabe bei Ottenbach. Länge 0.012. Ein unbärtiger Satyrkopf, nach links gewandt.
189. **Blaue Paste** in einem massiv goldenen Ring. Gefunden bei der Strafanstalt in Zürich. Länge 0,012. Ein jugendlicher Satyr steht nach rechts, der in der linken Hand eine Traube emporhält und mit der rechten unter dem Arm einen Dithyrsos trägt.
190. **Onyx** in einem massiv goldenen Ring. Gefunden bei der Strafanstalt in Zürich. Länge 0,013. Ein Adler, der mit den Klauen eine Leier gepackt hält.

VI. Monumente aus Terracotta.

A. Figuren aus Terracotta.

191. **Relief einer hockenden Eule**, welches an einer Fläche angesetzt war. Höhe 0,08. Aus Windisch.

192. **Zwei Statuetten der Proserpina** (?), aus einer Form, von Piedimonte. Höhe 0,27. Die Figur ruht auf dem rechten Bein und trägt einen kurzärmeligen Chiton mit gegürtetem Ueberfall, im Haar einen Blätterkranz. Die erhobene Linke hält einen Granatapfel mit zwei Blättern. Die rechte Hand ist wie im Gespräche bewegt, mit erhobenem Zeigefinger. Der Kopf ist etwas zur rechten Seite geneigt, die Rückseite unausgearbeitet. Hübsche wohlerhaltene Arbeit etwa des dritten Jahrhunderts vor Christus.

193. **Venus anadyomene, Statuette**, auf einer halbkreisförmigen Basis. Höhe 0.17. Erworben in Bajae 1866, aus dem Besitz von Professor Benndorf. Die Figur ist unbekleidet, ruht auf dem rechten Bein und ordnet sich mit der erhobenen linken Hand das Haar. Links auf einer besondern kleinen Basis eine henkellose schlanke Vase mit aufliegendem Gewand, auf welcher die offen ausgestreckte rechte Hand ruht. Hübsches Motiv bei geringer Ausführung.

194. **Weiblicher Porträtkopf**, dessen Hinterseite eine glatte verticale Fläche bildet, in deren Mitte horizontal ein kurzer Zapfen absteht. Höhe 0.27. Der Hals ist ergänzt. Die schönen edeln Formen des Gesichtes, welches ursprünglich ganz mit Cinnober bemahlt war, sind mit ungewöhnlicher Feinheit ausgeführt, das gescheitelte Haar, aus welchem einzelne Löckchen auf die Stirne niederfallen, und die Ohren nur flüchtig modellirt. In Caere 1865 erworben, aus dem Besitz von Professor Benndorf.

195. **Statuette eines unbekleideten Knaben**, welcher mit geschlossenen Beinen dasteht und mit beiden Händen auf der Brust einen Vogel hält. Höhe 0,065. Aus Düttweil. Der Kopf fehlt. Rohe Arbeit.

196. **Fragmentirtes Bruststück** eines bekleideten bärtigen Mannes und einer bekleideten Frau, welche sich küssen und umarmen. Beide Figuren haben auf dem Kopf einen modiusartigen Aufsatz. Höhe 0.06. Das ganze Stück ist mit rother Glasur überzogen. Sehr geringe Arbeit.

197. **Fragment einer weiblichen Figur** mit langem perückenartigem Haar. Höhe 0.06. Aus Mels, 1865 erworben. Erhalten ist bloss Kopf und Brust. Rohe Arbeit.

198. **Salbgefäss mit abgebrochenem Henkel** in Form eines sitzenden ithyphallischen Affen. Höhe 0.11. Gefunden in Lunnern. Publicirt von Jacob Breitinger zuverlässige Nachricht von dem Alterthum der Stadt Zürich. Zürich 1741 Taf. A p. 28. J. G. Sulzer ausführliche Beschreibung einer merkwürdigen Entdeckung verschiedener Antiquitäten in dem in der Herrschafft Knonau gelegenen Dorff Nider-Lunnern in dem Jahr 1741 p. 10. Johannes Müller Ueberbleibseln von Alter-Thümmeren VIII. Theil 1. Tab. II Fig. A. Ferdinand Keller Mittheil. der antiquar. Gesellsch. XV 3 Taf. IV 32 p. 100.

199. **Archaische Statuette einer Aphrodite** (?) aus Piedimonte. Höhe 0.11. Die Figur steht aufrecht mit geschlossenen Beinen, das linke ein wenig vorgesetzt. Sie trägt einen gerippten Chiton und darüber ein langes auf dem Kopf aufliegendes Obergewand, welches symmetrisch gefältelt in zwei langen Spitzen vorn und hinten über die vorgestreckten Unterarme niederfällt. Aus dem in kleine Löckchen geordneten Haupthaar fallen rechts und links vom Hals je drei steife Zöpfe auf die Brust herab. Die Ränder des Gewandes und einige Stellen des Gesichtes zeigen rothe Bemalung. Die Rückseite der Figur ist in glatter Fläche abgearbeitet. Füsse und Vorderarme fehlen. Feine Arbeit.

200. **Zwei Tauben und ein Hahn**. Höhe je 0.09. Gefunden in einem altchristlichen Grab zu Nieder-Lunnern. Publicirt von Ferdinand Keller Mittheil. der antiquar. Gesellch. III 5 p. 130.

201. **Bärtiger Herculeskopf**, von einer Statuette, im Typus der farnesischen Statue, ganz mit weisser Farbe überzogen, auf welcher sich Spuren von dunkler Bemalung erhalten haben. Höhe 0.07. Aus Piedimonte. Wohlerhaltene treffliche Arbeit.

202. **Kinderkopf** mit lockigem Haar, aus freier Hand modellirt. Höhe 0.065. Aus Piedimonte. Frische und geschickte Arbeit.

203. **Kopf und Hals einer weiblichen Figur**, Fragment einer Statuette. Höhe 0.06. Das gewellte und gefurchte Haar ist von allen Seiten auf den Hinterkopf in einen Zopf zusammengenommen. An beiden Ohren Ringe. Am hintern Theil des Halses Reste von einem Gewandumschlag. Wohlerhaltene feinmodellirte Arbeit.

204. **Weiblicher (?) Kopf** mit langem Haar. Fragment einer hinten abgeglätteten Statuette. Höhe 0,06. Gewöhnliche Arbeit.

205. **Trinkhorn mit einem Henkel**, in Form eines Rehkopfs, aus Piedimonte. Höhe 0,20. Das Ganze ist weiss überzogen.

206. **Archaischer weiblicher Kopf** mit aufliegendem Gewand und Ohrringen, das Haar in vier Reihen kleiner Löckchen geordnet. Fragment einer hinten geglätteten Statuette aus Piedimonte. Höhe 0.15.

207. **Jugendlicher Kopf** mit hoch ausgearbeiteten kurzen Haarlocken, aus Piedimonte. Höhe 0.13. Feine, etwas verwaschene Arbeit.

208. **Jugendlicher Kopf** mit kurzem Haar und aufliegendem Obergewand, aus Piedimonte. Höhe 0,16. Gewöhnliche Arbeit.

209. **Vollhand**, deren Innenseite allein ausgearbeitet ist, mit geschlossenen ausgestreckten Fingern, aus Piedimonte. Höhe 0.21. Rohe Arbeit.

210. **Statuette eines Kindes**, roth bemalt, aus Piedimonte. Länge 0.15. Rohe Arbeit.

211. **Jugendlicher Satyrkopf** mit kurzem Haar, aus freier Hand modellirt. Höhe 0,13. Aus Piedimonte. Flüchtige Arbeit.

212. **Fragment eines unbärtigen Porträtkopfes** mit flacher Rückseite und aufliegendem Gewand. Höhe 0.16. Aus Piedimonte. Geringe Arbeit.

213. **Sechs unbärtige Gesichtsmasken** von Piedimonte. Höhe 0,11. Aus freier Hand modellirt. Die eine ist mit weisser Farbe überzogen. Gewöhnliche Arbeit.

214. **Drei Frauenköpfe** mit aufliegendem Gewand, weiss überzogen. Höhe 0.11. Geschenk von Herrn Schinz-Hirzel. Gewöhnliche Arbeit.

215. **Ein gelagerter Löwe**, aus freier Hand fein modellirt, mit Farbspuren. Länge 0,11. Von Piedimonte.

216. **Oberteil einer fragmentirten weiblichen Gewandstatuette**, ganz verwaschen. Höhe 0,10. Aus Piedimonte.

217. **Statuette einer sitzenden weiblichen Gewandfigur**, welche im linken Arm einen Schwan oder eine Gans hält. Aus Piedimonte. Höhe 0.15. Geringe Arbeit.

218. **Fragmentirtes Oberteil einer solchen** aus derselben Form, von Piedimonte. Höhe 0,10.

219. **Oberteil eines ithyphallischen Silen**, Relieffragment. Silen trägt, nach seiner rechten Seite gebeugt, mit der linken Hand auf der linken Schulter eine dickbauchige Amphora und hält mit der rechten Hand am Leib das obere Ende eines Stabes. Gewöhnliche, schlecht erhaltene Arbeit. Aus Piedimonte. Höhe 0,11.

220. **Symplegma** einer unbekleideten weiblichen Figur und eines Silen. Höhe 0.08. Aus Piedimonte. Beide Figuren kauern am Boden, Silen mit lachendem Gesicht, im Rücken der weiblichen Figur, an deren Brust er mit der rechten Hand greift. Composition in geringer Ausführung. Die Rückseite ist unausgearbeitet geblieben. Das Ganze ist hohl und zeigt oben ein kleines Loch; im Innern klappern einige Steinchen, so dass die Vermuthung nahe liegt, es habe als Kinderspielzeug gedient.

221. **Weibliche Gewandstatuette** auf besonderer viereckiger Basis. Höhe 0,14. Aus Piedimonte. Ein Obergewand liegt auf dem Haupt auf und wird mit beiden Armen auf der Brust zusammengehalten. Die Rückseite ist unausgeführt geblieben. Geringe Arbeit.

222. **Idol einer sitzenden Göttin** in archaischem Typus, aus Piedimonte. Höhe 0,09. Auf dem weissen Ueberzug haben sich noch Spuren von rother Bemalung erhalten. Geringe, stark verwaschene Arbeit.

223. **Obertheil der Figur einer Göttin** mit hohem Modius, Fragment eines Reliefs, welches an einer Fläche angesetzt war. Höhe 0,09. Der Typus ist archaisch. Die Arme gingen geschlossen am Körper herab. Der Chiton ist gegürtet und zeigt einen kurzen Ueberfall über der Brust. Je zwei Rosetten auf den Achseln dienen als Spangen. Rechts und links vom Hals fallen je drei steife Locken auf die Brust herab. Auf dem weissen Ueberzug Spuren von rother Bemalung.

224. **Weibliche Relieffigur** auf besonderer Basis, von Piedimonte. Höhe 0,17. Auf dem Kopf ein breiter modiusartiger Aufsatz. Ueber dem langen Chiton ein Thierfell, welches auf der linken Schulter zusammengeknüpft ist. Die linke Hand ist an die linke Hüfte gestemmt, die gesenkte rechte hält ein Ausgussgefäss. Auf dem weissen Ueberzug Spuren von rother Bemalung. Geringe, schlecht erhaltene Arbeit.

225. **Vier sitzende weibliche Gewandstatuetten** von derselben Grösse und in so ziemlich demselben Typus. Höhe 0.16. Von Piedimonte. Die eine trägt einen Modius auf dem Haupt, die andern drei einen stephaneartigen Kopfschmuck.

226. **Hochrelief eines Medusenkopfes** auf einer runden Scheibe, aus Abkhasie in der Krim. Geschenk des Herrn Du Bois. Publicirt von Du Bois de Montpéreux voyage en Crimée s. IV pl. IX Fig. 10 *). Durchmesser 0.076. Der Kopf steht en face mit einer kleinen Wendung nach rechts. Der Ausdruck des Gesichts ist männlich und erinnert einigermassen an die Meduse der Sammlung Ludovisi. Das Gesicht ist rings von einer Fülle wildbewegter Haarlocken umgeben, aus welcher über den Schläfen zwei Flügel emporstehen. Feine, aus freier Hand modellirte Arbeit.

227. **Jugendlich männliche Figur** im Hochrelief, zum Ansetzen an eine Fläche bestimmt. In Rom erworben. Geschenk des Herrn Meyer-Pestalozzi 1870. Höhe 0,22. Die Figur steht en face auf besonderer viereckiger Basis, den linken Arm in ein Gewand gehüllt, welches den untern Theil des Körpers bedeckt und die Brust frei lässt. In der gesenkten rechten Hand hält sie am rechten Hinterfuss ein Schwein. Hübsche Arbeit.

228. **Ein Reiter** auf besonderer viereckiger Basis. Höhe 0,13. In der Nähe von Kertsch gefunden. Auf einem aufgezäumten und gesattelten Pferde reitet nach rechts ein bärtiger bekleideter Mann, welcher auf dem Kopf eine Art phrygischer Mütze trägt. Sein rechter Fuss und sein rechter ursprüng-

---

*) Die von Du Bois in dem genannten Werke s. IV auf Tafel IX 1. 2 publicirten Vasen und die auf Tafel XXXIa publicirten Gegenstände befinden sich auch in der antiquarischen Sammlung, blieben aber nach dem Plan dieses Verzeichnisses ausgeschlossen.

lich erhobener Arm, sowie der Schwanz des Pferdes fehlen. Unter dem Pferde springen zwei Hunde nach rechts. Die Rückseite ist unausgeführt, die Arbeit flüchtig und unbestimmt. Auf dem Hals und rechten Hinterbacken des Pferdes ist eine buckelartige Erhöhung zu sehen. Publicirt von Du Bois de Montpéreux voyage au Caucase s. IV pl. XVII Fig. 4. H. Meyer Mittheil. der antiquar. Gesellsch. XI 2 p. 45. Vergl. E. Gerhard archäol. Zeit. 1845 No. 65.

229. **Symplegma** eines unbärtigen, kahlköpfigen Mannes mit einer bekleideten Leierspielerin, mit weisser Farbe überzogen. Vielfach ruinirt und undeutlich erhalten. Höhe 0,14. Aus einem Grabe von Pantikapaion. Geschenk des Herrn Du Bois.

230. **Weibliches Köpfchen.** Fragment einer hinten abgeglätteten Statuette. Höhe 0,05. Aus Abkhasie. Geschenkt und publicirt von Du Bois de Montpéreux voyage en Crimée s. IV pl. IX Fig. 11.

231. **Kopf in Relief** mit langen Haaren. Fragment eines grössern Ganzen. Gefunden auf dem Lindenhof. Höhe 0,3. Rohe Arbeit.

232. **Einer dergleichen** in ähnlichem Typus, aus der Zoller'schen Sammlung.

233. **Statuette eines sitzenden Satyrs**, welcher bekränzt ist und ein kurzes Gewand trägt, das auf der rechten Schulter zusammengenommen ist. Rückseite unausgearbeitet. Arbeit roh. Höhe 0,13.

234. **Statuette eines Knaben**, welcher mit einer auf der rechten Achsel zusammengenommenen Chlamys bekleidet ist und in der rechten Hand eine Patera oder dergleichen trägt. Aus Pantikapaion. Höhe 0,09. Die Rückseite ist unausgeführt. Arbeit gering. Geschenk des Herrn Du Bois.

235. **Antefix** mit einer schön gezeichneten Palmette aus Windisch. Höhe 0,09.

235*. **Aschenkiste aus Thon**, gefunden bei Riparbella bei Volterra und geschenkt von Herrn Christian Appelius in Livorno. Auf dem Deckel die Figur des Verstorbenen, eines Jünglings, der, mit Ausnahme des Kopfes und der Spitze des rechten Fusses, ganz in ein weites Gewand gehüllt, in der Haltung eines ruhig Schlafenden auf einem hohen Pfühle ruht. Die Vorderseite ist mit einem Relief verziert. Ein jugendlicher, mit einem um die Hüften geschlungenen Gewand bekleideter Mann kämpft mit einem grossen Instrument (Pflug?) gegen drei mit Schwert und Schild bewaffnete, mit der Chlamys bekleidete Männer, von denen einer, der auf's Knie niedergesunken ist, einen Panzer unter der Chlamys trägt, und durch den Bart als der älteste bezeichnet ist. Auf dieser Kiste haben sich bedeutende Spuren von Bemalung erhalten.

B. Lampen.

1. Griechische schwarz gefirnisste Lampen.

236. **Eine offene Lampe** in Form eines Kothon. Länge 0,11. Aus Piedimonte.

237. **Eine dergleichen.** Länge 0,09. Mit drei Schnauzen. Aus Athen. Geschenk des Herrn Dr. Wille.

238. **Eine oben geschlossene Lampe** mit aufgepresstem Relief eines bärtigen Kopfes mit langen Haaren en face. Länge 0,10.

239. **Eine dergleichen** aus Piedimonte. Länge 0,10. Mit aufgepresstem Relief eines Medusenkopfes, welcher rings von Schlangen umgeben ist.

240. **Eine dergleichen.** Länge 0,09. Mit flüchtigem eingepresstem Reliefornament, in welchem sich eine geflügelte Sphinx befindet.

241. **Eine dergleichen** aus Piedimonte, an welcher Griff und Schnauze fehlt. Durchmesser 0,09. Mit Relief eines behelmten Kopfes (Athene?), nach links im Profil.

2. Römische Lampen von rothem und gelbem Thon.

242. Ohne figürliches Ornament, auf dem Boden: fünf Kreislinien in Form einer Quincunx. Aus Piedimonte.
243. Oben: Relief eines unbärtigen Kopfes mit phrygischer Mütze en face. Aus Piedimonte.
244. Oben: Relief eines unbekleideten Amor, welcher von links einen anspringenden Löwen mit der Lanze angreift. Aus Piedimonte.
245. Oben: ein Blätterstern. Unten: eine Fusssohle. Aus Piedimonte.
246. Oben: ein Stern von sechs Blättern. Aus Piedimonte.
247. Oben und unten Palmzweige. Aus Piedimonte.
248. Unten: LITOGENE. ed. Mommsen inscript. Helv. 350, 17.
249. Oben: ein zusammengebundener Kranz von Weintrauben und Blättern.
250. Unten: FAOR. Aus Piedimonte. ed. Mommsen inscript. Helv. 350, 11.
251. Oben: eine mit Chiton bekleidete Bakchantin, nach links im Lauf, mit flatterndem Obergewand, welche in der gesenkten Rechten ein Tympanon, mit der linken über der Schulter einen Thyrsusstab trägt. Aus Piedimonte.
252. Oben: a v a, aus Piedimonte. ed. Mommsen inscript. Helv. 350, 4.
253. Oben: eine Blüthe von 11 Blüttern. Unten: KY.
254. Oben: zwei Hunde, welche ein Reh verfolgen. Unten: (sic!)IVVESECV. Von Herrn Simmler in Trüllikon.
255. Oben: im Kreis geordnet acht Rosetten. Aus Sicilien; Geschenk des Herrn Escher von der Linth.
256. Oben: ein vierfüssiges Insekt, sehr flüchtig eingedrückt. Aus Sicilien; Geschenk des Herrn Escher von der Linth.
257. Oben: eine männliche bakchische Figur en face, welche mit der linken Hand einen Thyrsusstab aufstützt und die rechte Hand gegen den Kopf eines Panthers hinbewegt. Sehr schlecht erhalten, die Inschrift der Unterseite unlesbar.
258. Oben: ein Gladiator in kurzer breit gegürteter Tunica, welcher von links mit einem Schwert einen anspringenden Eber angreift. Unten: CCORVRS. Aus Piedimonte, ed. Mommsen inscript. Helv. 350, 7.
259. Unten: ATIMET. Aus Augst. Geschenk des Herrn Hirzel-Schinz.
260. Oben: undeutlich erhaltener unbärtiger Kopf en face; unten: AGILIS.
261. Oben: ein verwachsener Mann mit langer Nase, spitzem Kinn und langem Phallus, im Lauf nach rechts, welcher eine zweihenklige Vase umgestülpt wie einen Hut auf dem Kopfe und mit der linken Hand auf der linken Schulter einen Wagebalken trägt, in dessen Wageschaalen links ein Elephant, rechts ein Insekt sich befindet. Ringsum ein Blätterkranz. Die Inschrift auf dem Boden unleserlich. In Rom erworben, aus dem Besitz des Professor Benndorf. Vergl. bullett. d. institut. 1867 p. 34. 35.
262. Unten: CCORVRS. Geschenk des Herrn Schinz-Hirzel.
263. Oben: ein Reiher; unten: ein Blatt. Aus Piedimonte.
264. Obertheil einer an Schnüren befestigten Hängelampe mit zwei komischen Masken. Aus Windisch.

265. Unten: FORTIS.
266. Oben: HERACLAE. Aus Windisch, ed. Mommsen inscript. Helv. 350, 13.
267. Oben: ein Granatzweig mit Blüthe, auf welchem eine Taube sitzt. Aus Windisch. Publicirt von Otto Jahn, Mittheil. der antiquar. Gesellsch. XIV 4 p. 107 Taf. IV Fig. 1.
268. Oben: ein grosser Blätterstern. Aus Windisch.
269. Oben: ein undeutlich erhaltenes erotisches Symplegma. Aus Windisch.
270. Oben: ein Eber nach rechts, auf welchen ein Hund gesprungen ist. Aus Windisch.
271. Fragment eines Lampenreliefs aus Windisch: ein Gladiator mit Visirhelm, krummgebogenem Schwert und umbundenem rechtem Unterarm.
272. Oben: Mercur, en face stehend, mit Flügel an den Füssen und am Petasos, mit Caduceus, Geldbeutel und Chlamys. Publicirt von Otto Jahn. Mittheil. der antiquar. Gesellsch. XIV 4 p. 104 Taf. II Fig. 1.
273. Oben: ein nach links springender Löwe. Publicirt von Otto Jahn, Mittheil. der antiquar. Gesellsch. XIV 4 p. 104 Taf. IV Fig. 8.
274. Brustbild einer weiblichen Figur im Profil nach links, welche mit einem Diadem im Haar geschmückt ist, einen Aermel-Chiton trägt und mit der rechten Hand ein Füllhorn mit Früchten emporhält. Aus Windisch.
274ª Ein anderes Exemplar aus derselben Form.
275. Oben: auf einem nach links springenden Widder sitzt en face eine weibliche Figur, welche mit einem gegürteten ärmellosen Chiton, der die rechte Brust freilässt, bekleidet ist, mit der linken Hand über dem Haupt ein Obergewand flattern lässt und in der rechten Hand einen Thyrsusstab trägt. Publicirt von Otto Jahn, Mittheil. der antiquar. Gesellsch. XIV 4 p. 105 folg. Taf. II Fig. 4, welcher die Deutung Wieselers (arch. Zeit. IV p. 215, vergl. arch. Zeit. VIII p. 150) auf Pan annimmt, der noch Virg. georg. III 391 in Widdergestalt die Gunst der Selene gewann. Indessen kann das vermeintliche Attribut der Selene nicht für eine Fackel gehalten werden, da die Flamme derselben nicht in der Richtung des Schaftes und dieselbe fortsetzend, sondern aufrecht und in anderer Form gebildet sein würde.
276. Oben: ein nach links auf einem Felsen sitzender mit phrygischer Mütze und Exomis bekleideter Fischer, welcher mit der Rechten einen Fisch mit der Angel aus dem Wasser zieht und am linken Arm ein Gefäss zu tragen scheint. Unten eine Fusssohle und am Rand: IV. Aus Windisch.
277. Fragment einer Lampe, aus Windisch. Oben: in einem Blätterkranz en face ein unbärtiger Kopf in einem Halbmond (Deus lunus?). Publicirt von Otto Jahn, Mittheil. der antiquar. Gesellsch. XIV 4 p. 104 Taf. III Fig. 6.
278. Oben: zwei stehende stark verwaschene Figuren mit verschränkten Armen. Aus Windisch. Publicirt von Otto Jahn, Mittheil. der antiquar. Gesellsch. XIV 4 p. 104 Taf. II Fig. 11.
279. Fragment einer Lampe. Auf einem nach rechts springenden Löwen (? schwerlich ein Pferd wie die Publication zeigt) reitet ein unbekleideter, ungeflügelter Knabe. Publicirt von Otto Jahn, Mittheil. der antiquar. Gesellsch. XIV 4 p. 104 Taf. II Fig. 5.
280. Oben: zwei Gladiatoren im Kampf. Sie tragen einen Visirhelm, einen grossen oblongen Schild, Riemen um den Leib und rechten Arm, am rechten Unterschenkel Beinschienen und ein gekrümmtes Schwert. Zwischen ihnen ein unbärtiger Mann in kurzem Chiton. Unter ihnen auf einer besondern Tafel FVFIC. Aus Windisch. Aehnlich Bartoli lucern. I 22.

281. Oben: drei unbekleidete Amoretten richten eine grosse Herculeskeule auf, deren unteres Ende ein vierter an einem Strick in die Höhe zieht. Ein fünfter trinkt aus einem Skyphos. Daneben die Inschrift: ADIVATE (sic!)
SODALES
Aus Windisch.

282. Oben: zwei Gladiatoren (Samnites) im Kampf, mit oblongem Schild und Visirhelm; undeutlich erhalten. Unten: LCAESAE. Von der Stadtbibliothek. Aus Luunern, ed. Mommsen inscr. Helv. 350, 6.

283. Oben: ein nach rechts stehender Gladiator mit oblongem Schild, Helm und Schwert. Stark verwaschen. Aus Windisch.

284. Oben: auf einem nach rechts eilenden Seethier, dessen Kopf am ehesten einem Wolfs- oder Hundekopf ähneln würde, eine Nereide mit langem Haar, Busenband und flatterndem Gewand, welche seinen Hals mit dem rechten Arm umschlingt.

285. Oben: ein unbekleideter Amor, welcher auf einem ruhenden Panther steigt. Rechts daneben ein Stuhl, darunter ein mit Band umwundener Thyrsusstab. Aus Windisch. Unten: eine Fussohle.

286. Oben: eine Rübe und eine Schote (?) mit zwei Blättern. Aus Windisch.

287. Oben: ein Panther (?) im Kampf mit einem Pferde (?). Unten: eine undeutliche Inschrift. Geschenk des Herrn Schinz-Hirzel.

288. Unten: LSPAM
Y

289. Unten: CPASISIS. Aus Windisch, ed. Mommsen inscript. Helv. 350, 23.

290. Unten: EVCARPI Aus Dällikon, ed. Mommsen inscript. Helv. 350, 10.

291. Unten: eine Ligatur von F und P, ₧.

292. Unten: CMEVPO. Aus Windisch, ed. Mommsen inscript. Helv. 350, 20.

293. Unten: LITOGENES. Aus Windisch, fragmentirt.

294. Unten: A\⬛O\⬛\⬛. Aus der Stadtbibliothek, ed. Mommsen inscript. Helv. 350, 29, vergl. Fröhner inscript. terrae coctae vasorum 1726—1740.

C. Vasen.

295. **Henkelloses Gefäss** ohne Ornament aus rothem Thon. Form 1. Höhe 0,14. Aus Piedimonte. Unter dem Rand ist das Gefäss mit einem vorspringenden Ring versehen, welcher vielleicht zum Einlassen desselben über dem Herdfeuer diente.

296. **Zweihenklige Schale** ohne Ornament aus rothem Thon. Aus Ascoli. Form 2. Durchmesser 0,18.

297. **Einhenklige Schale** ohne Fuss, von gelbem Thon, mit einigen schwarzen Ringen um den obern Rand und am Henkel. Form 3. Höhe 0,16. Aus Ascoli.

298. **Einhenkliger Krug** aus rothem Thon. Form 4. Höhe 0,19. Aus Piedimonte am Volturnus. Rothe Figuren auf schwarzem Grund mit aufgesetztem Weiss. Ueber einem Eierstabornament drei Kinderfiguren. Links ein Knabe (nach rechts) mit Gewand über dem rechten Arm, einen grossen mit Bändern (?) geschmückten Spiegel in der linken Hand. In der Mitte ein nach rechts eilendes, nach links zurückschauendes Mädchen in langem Gewand, eine Haube im Haar, auf der linken Hand einen undeutlichen tellerförmigen Gegenstand. Rechts ein Knabe (nach links) in deutlicher Tanzbewegung,

über der rechten Achsel ein flatterndes Gewand, auf der erhobenen Rechten einen Krug von gleicher Form wie die Vase. Freie, stark beschädigte Zeichnung.

299. **Glockenförmiger Eimer** von gelbem Thon. Form 5. Höhe 0,15. Durchmesser oben 0,16. Gelbe Figuren auf schwarzem Grund mit aufgesetztem Weiss. Unter den beiden Henkeln Palmetten, um den obern Rand aussen ein Wellenlinienornament. Zu beiden Seiten zwischen den Palmetten je ein Kopf im Profil nach links: auf der einen ein weiblicher mit Haube und Stephanos (rechts oben ein viereckiges Ornament), auf der andern ein jugendlich männlicher mit einem Kranz im Haar (rechts oben ein rundes Ornament).

300. **Henkellose Flasche** von gelbem Thon. Form 6. Höhe 0,17. Geschenk von Herrn Schinz-Hirzel. Gelbe Figuren auf schwarzem Grund. Auf der einen Seite eine grosse Palmette, auf der andern ein (stark verzeichneter) Frauenkopf nach links im Profil.

301. **Henkellose Flasche** von gelbem Thon. Form 6. Höhe 0,17. Ornament und Technik wie bei der vorigen Nummer. Aus Piedimonte.

302. **Kleine Amphora** von gelbem Thon. Form 7. Höhe 0,20. Aus Piedimonte. Gelbe Figuren auf schwarzem Grund mit aufgesetztem Weiss. Freie Zeichnung. Unter den Henkeln Palmetten, oben umlaufend ein Eierstabornament. Auf der einen Seite en face nach rechts stehend eine weibliche Figur in doppeltem Gewande mit Haube, Halsband und einem Ring am Gelenk der rechten Hand. Sie tritt mit dem linken Fuss auf ein viereckiges Postament (eine Lade?) und hält in der Linken einen Thyrsosstab (?) mit Bändern, in der gesenkten Rechten einen Spiegel. — Auf der Rückseite ein unbekleideter bekränzter Knabe, in Schuhen, welcher im Lauf nach links begriffen sich nach rechts umsieht und in der Linken einen Zweig, in der gesenkten Rechten eine Traube hält. Rechts neben ihm im Feld ein rundes Ornament.

303. **Einhenkliger Krug** von rothem Thon. Form 8. Höhe 0,13. Aus Piedimonte. Rothe Figur auf schwarzem Grund. Ein nackter Knabe (Badesclave) im Lauf nach links, sieht sich nach rechts um, in der Rechten einen Stab, in der gesenkten Linken eine Strigilis und einen Badeschwamm an einem Faden haltend.

304. **Einhenkliger Krug** von rothem Thon. Form 9. Höhe 0,11. Aus Piedimonte. Schwarz gefirnisst mit aufgesetzten Dunkelroth und Weiss. Um den Bauch zieht sich eine Guirlande von Trauben und Blättern, um den Hals ein einfaches Ornament.

305. **Zweihenkliger Krug** von rothem Thon. Form 10. Höhe 0,15. Aus Piedimonte. Rothe Figuren auf schwarzem Grund mit aufgesetztem Weiss. Zwischen den Henkeln unter dem Rande ein Wellen-, unter den Henkeln ein Palmetten-Ornament. Auf beiden Seiten dieselbe weibliche Figur in gegürtetem ärmellosem Chiton, mit Haube, Ohrringen und je zwei Armspangen, im Lauf nach links, die Rechte nach links ausgestreckt, in der Linken einen grossen mit Linearornament versehenen Ball.

306. **Einhenkliges Salbgefäss** von rothem Thon. Form 11. Höhe 0,14. Aus Piedimonte. Rothe Figuren auf schwarzem Grund mit aufgesetztem Weiss. Schlechte stark beschädigte Zeichnung. Unter dem Henkel Palmettenornament. Eine weibliche Figur, den Kopf in eine Haube gehüllt, mit einem gegürteten ärmellosen Chiton bekleidet, sitzt auf einem Felsen nach links, in der gesenkten Linken einen Kranz, auf der rechten Hand eine Schale haltend.

307. **Zweihenkliger Krug** von rothem Thon. Form 10. Höhe 0,22. Aus dem Besitz des Herrn Baron von Rauch. Rothe Figuren auf schwarzem Grund mit aufgesetztem Weiss. Unten Mäander,

oben Blätterornament. Links steht nach rechts im Profil ein jugendlicher bekränzter Pan (mit spitzen Ohren, kurzem Haar, Schwanz im Rücken, behaarten Beinen und gespaltenen Hufen, ohne Hörner), in der linken Hand eine Fackel, mit der rechten einen Thyrsosstab über der rechten Schulter haltend. Von rechts eilt eine Mänade herbei, mit gegürtetem ärmellosem Chiton, Schuhen, Ohrringen, Perlenhalsband und doppelten Armspangen. Sie hält mit beiden Händen eine Hydria, auf welcher eine springende Figur schwarz aufgemalt ist, und fängt mit derselben den Wasserstrahl einer Brunnenröhre auf, welche die Form einer Vasenmündung zeigt. Zwischen beiden Figuren unten am Boden ein teichartiges Wasserbecken. — Auf der Rückseite stehen einander zugewendet zwei jugendlich männliche Figuren in weiten Mänteln. Der zur Linken hält in der rechten Hand eine Strigilis. Darunter im freien Feld ein rundes Ornament.

308. **Henkelloses Gefäss** von schwarzer Erde. Form 12. Höhe 0,15. In Albano unter einer Schicht Peperino gefunden, vergl. M. de Rossi annali d. instit. 1867 p. 51. mon. ined. d. inst. VIII 36, 24—36. Geschenk des Herrn Dr. François Wille. Das Gefäss ist nicht auf der Töpferscheibe gefertigt und mit einem plastischen Ornament versehen, welches ein umschliessendes Drahtgitter nachahmt.

309. **Einhenkliges Trink(?)gefäss** von rothem römischem Thon ohne Ornament. Form 14. Höhe 0,095. Aus Ascoli.

310. **Ausgussgefäss** von schwarzem ungefirnisstem Thon. Form 15. Höhe 0,085. Aus Sorrent, Geschenk des Herrn Dr. G. Schuch.

311. **Sieben ganz kleine Gefässe** von rothem und gelbem Thon ohne Ornament, in verschiedenen Formen, vielleicht Kinderspielzeug. Höhe 0,04 — 0,06. Aus Piedimonte.

312. **Henkelloses Gefäss** von schwarzem Thon ohne Ornament. Form 146. Aus Piedimonte.

313. **Kleine Amphora** von rothem Thon. Form 7. Höhe 0,09. Aus Piedimonte. Rothe Figuren auf schwarzem Grund. Freie Zeichnung. Unter den Henkeln Palmetten. Auf der einen Seite ein weibliches Brustbild nach links im Profil in ärmellosem Chiton mit Haube. Auf der andern Seite ein weiblicher Kopf en face mit Halsband.

314. **Einhenkliges Salbgefäss** von rothem Thon. Form 11. Höhe 0,08. Rothe Figur auf schwarzem Grund. Auf einem Eierstabornament, nach links springend, ein geflecktes Reh.

315. **Einhenkliges Salbgefäss** von rothem Thon. Form 11. Höhe 0,09. Aus Piedimonte. Rothe Figur auf schwarzem Grund. Eine sitzende Taube mit geschwungenem Flügel.

316. **Einhenkliges Salbgefäss** von rothem Thon. Form 11. Höhe 0,08. Aus Piedimonte. Rothe Figur auf schwarzem Grund. Ein weiblicher Kopf nach links im Profil mit Haarschopf.

317. **Einhenkliges Salbgefäss**, in Grösse, Form, Technik und Verzierung dem Vorigen gleich.

318. **Einhenkliges Schöpfgefäss** von rothem Thon. Form 16. Höhe 0,065. Aus Piedimonte. Auf dem schwarzen Firniss der Vase sind mit rother Farbe einige Blätter und Sternornamente und in der Mitte einer Guirlande ein Stierkopf aufgemalt.

319. **Runder Lekythos** von gelbem Thon. Form 17. Höhe 0,06. Aus Korinth. Geschenk des Herrn Professor C. Bursian. Schwarze Figuren auf gelbem Grund mit aufgesetztem Braunroth. Zwei Hähne, einander zugewendet; in der Mitte zwischen ihnen eine sich in die Höhe ringelnde Schlange.

320. **Zweihenklige Schale** von rothem Thon. Form 18. Durchmesser 0,10. Aus Piedimonte. Rothe Figuren auf schwarzem Grund mit aufgesetztem Gelb und Weiss. Unter den Henkeln Palmetten. Auf der einen Seite liegt Eros (nach links, bekränzt, mit Haarschopf am hintern Theil des

Kopfes auf einem gelben Fell oder Schlauch, indem er mit der Rechten einen Kranz hält. Auf der Rückseite ein weiblicher Kopf im Profil nach links mit Haube, Haar- und Halsschmuck.

321. **Einhenkliger Krug** von rothem Thon. Form 19. Höhe 0,11. Aus Piedimonte. Rothe Figur auf schwarzem Grund. In einem eingerahmten Felde, das oben mit einer Wellenlinie abgeschlossen ist, ein roh gezeichneter weiblicher Kopf mit Haube und Halsband, nach links im Profil.

322. **Lekythos** von rothem Thon. Form 21. Höhe 0.15. Aus Neapel, Geschenk von Herrn Dr. François Wille. Auf den Bauch sind drei nebeneinander aufrechtstehende Palmetten mit schwarzer Farbe und aufgesetztem Weiss gemalt.

323. **Henkellose Schale** von gelbem Thon. Form 22. Durchmesser 0,10. Einige Streifen sind braun aufgemalt, am obern Rande sechs kleine Vorsprünge angebracht, deren einer zwei runde Löcher zeigt, welche zum Aufhängen dienten.

324. **Zweihenklige Schale** von rothem Thon. Form 2. Durchmesser 0,12. Angeblich aus Pompei, Geschenk von Herrn Vogel, Kunstmaler. Die Schale ist schwarz gefirnisst und zeigt innen vertieft eingepresst fünf kleine Palmetten und einen Löwenkopf.

325. **Zweihenklige Schale** von rothem Thon. Form 2. Durchmesser 0,14. Die Schale ist schwarz gefirnisst und zeigt innen vertieft eingepresst einen Stern.

326. **Zweihenklige Schale** von rothem Thon. Form 2. Durchmesser 0,10. Aus Piedimonte. Die Schale ist schwarz gefirnisst und zeigt innen vertieft eingepresst vier kleine Palmetten.

327. **Zweihenklige Schale** von rothem Thon. Form 2. Durchmesser 0,12. Aus Piedimonte. Technik und Ornament wie beim vorigen Stück.

328. **Henkellose Schale** von gelbem Thon. Form 2. Durchmesser 0,12. Aus Piedimonte. Die Schale ist mit mehreren roth gemalten Streifen verziert. Der Rand zeigt an einer Stelle zwei Löcher, welche zum Aufhängen benutzt wurden.

329. **Henkellose Schale** von rothem Thon. Form 24. Durchmesser 0.16. Aus Piedimonte. Innen roth ausgespart auf schwarzem Grund ein Blätterkranz, in welchem sich vertieft eingepresst ein Stern befindet.

330. **Henkellose Schale** von rothem Thon. Form 24. Durchmesser 0.13. Das Ornament ist mit braunrother Farbe und aufgesetztem Weiss aufgemalt. Im Innern inmitten einer umlaufenden Wellenlinie ein weiblicher Kopf nach links im Profil mit Haube, Stephanos und Ohrring.

331. **Einhenkliger Krug** von gelbem Thon ohne Ornament. Form 25. Höhe 0,12. Aus Athen, Geschenk des Herrn Dr. François Wille.

332. **Einhenkliges Gefäss** von rothem Thon ohne Ornament. Form 26. Höhe 0,10. Aus Piedimonte.

333. **Teller** von gelbem Thon. Form 27. Durchmesser 0,18. Aus Ascoli. Einige Streifen sind braun aufgemalt. Der Rand zeigt an einer Stelle zwei Löcher, welche zum Aufhängen dienten.

334. **Feldflaschenartiges Trinkgefäss** von rothem Thon. Form 28. Durchmesser 0,18. Auf der obern Fläche sind vier Rosetten in Relief angesetzt.

335. **Eines dergleichen** von rothem Thon. Form 28. Durchmesser 0.17. Auf der obern Fläche ist das Relief eines geflügelten mit Lendenschurz bekleideten Knaben aufgesetzt, welcher en face auf dem rechten Bein steht, indem das linke Bein kreuzweise hinter das rechte geschlagen ist. In den gesenkten Händen hält er zwei undentliche Gegenstände, die mit Thierköpfen die meiste Aehnlichkeit haben.

336. **Einhenkliges Salbgefäss** von rothem schwarz gefirnisstem Thon mit geriefeltem Bauch. Form 31. Höhe 0,07. Aus Taormina, Geschenk von Herrn J. Ulrich.
337. **Einhenkliges Salbgefäss** von rothem Thon. Form 11. Höhe 0,11. Aus Piedimonte. Roth ausgespart auf schwarzem Grund um den Hals ein Wellenlinienornament, um den Bauch ein Kranz von Epheublättern.
338. **Eines dergleichen** von rothem schwarz gefirnisstem Thon. Form 11. Höhe 0.08. Um den Bauch ist eine Ziczaclinie eingedrückt.
339. **Zweihenkliger kleiner Eimer** von rothem schwarz gefirnisstem Thon. Form 30. Höhe 0,07.
340. **Einhenkliges Ausgussgefäss** von gelbem Thon, zum Theil schwarz gefirnisst. Form 31. Höhe 0,14. Aus Piedimonte.
341. **Amphora** von rothem Thon. Form 32. Höhe 0,19. Aus Adernò in Sicilien, von Professor Benndorf. Die Vase ist schwarz gefirnisst und mit einem weiss aufgemalten Rankenornament versehen. Sie wurde in einem Grabe mit einem (noch darin befindlichen) Inhalt von Kohlen und verkohlten Fruchtkernen aufgefunden.
342. **Schlanker Lekythos** von rothem Thon. Form 33. Höhe 0,22. Aus Terranova (Gela) in Sicilien, von Professor Benndorf. Schwarze Figuren auf rothem Grund mit aufgesetztem Weiss. Oben auf dem Hals eine Palmettenreihe. Auf dem Bauche in der Mitte das Obertheil eines grossen Fasses (des Pholos), welches aus der Erde ragt; dahinter Rebzweige und eine Palme. Rechts (nach links gewandt, mit dem Kopf nach rechts zurückschauend) ein bekränzter bärtiger Kentaur, in langem Gewand, mit menschlichen Vorderbeinen. Rechts neben ihm eine einfache weisse Säule. Links von dem Fasse ein nach rechts gewandter bärtiger Kentaur (mit vier Pferdebeinen), welcher in der linken Hand ein Füllhorn hält. Flüchtige archaistische Malerei, deren linkes Ende verwischt ist. Vergl. H. Heydemann griechische Vasenbilder p. 5.
343. **Schlanker Lekythos** von rothem Thon. Form 21. Höhe 0,20. Aus Neapel, von Professor Benndorf. Rothe Figur auf schwarzem Grund. Auf dem Hals oben eine Palmettenreihe. Eine weibliche Figur in Haube, Aermelchiton und Obergewand sitzt nach rechts auf einem mit Rückenlehne und geschweiften Beinen versehenen Stahl. Mit beiden vorgestreckten Händen scheint sie eine Schnur zu halten (zu spinnen?), rechts neben ihr am Boden ein Kalathos. Hübsches Motiv in flüchtiger Zeichnung.
344. **Runder Lekythos** von gelbem Thon. Form 17. Höhe 0,08. Aus Cerveteri (Caere), von Professor Benndorf. Ein altassyrisches Blüthenornament ist roth und braun aufgemalt.
345. **Runder Lekythos** von gelbem Thon. Form 17. Höhe 0,07. Aus Cerveteri (Caere), von Professor Benndorf. Vier Gänse in einer Reihe sind roth und braun aufgemalt.
346. **Henkellose Schale** von rothem Thon ohne Ornament. Form 34. Durchmesser 0,15. Aus Neapel, von Professor Benndorf. Im Innern schwarz aufgemalt: ΝΑϽ.
347. **Amphora** von rothem Thon. Form 37. Höhe 0.35. Aus Piedimonte. Rothe Figuren auf schwarzem Grund mit aufgesetztem Weiss und Gelb. Die Malerei ist flüchtig und vielfach beschädigt, das Weiss bis auf einige Spuren verschwunden. Auf der Hauptseite am Hals eine Wellenlinie, darunter ein weiblicher Kopf nach links im Profil zwischen Blumenranken. Am Bauch steht in einem flüchtig gezeichneten Heroon en face nach links gewendet eine jugendlich männliche Figur mit einem Gewand über dem linken Arm, die rechte Hand nach einem anspringenden Hunde gesenkt. Rechts und links

vom Kopf dieser Figur, im Heroon, Scheiben, ausserhalb des Heroons Binden. Unterhalb der ganzen Darstellung ein Wellenlinienornament. — Auf der Rückseite am Hals eine Palmettenreihe; am Bauch auf einem Postament eine breite niedrige, oben abgeplattete Stele oder Pfeiler, worauf eine Schale mit fünf weissen Punkten und zwei Trauben steht. Auf dem Postament neben der Stele links eine Pflanze, rechts ein aufrechtstehender Spiegel mit Griff. Um die Stele ist eine schwarze Tänie geschlungen. — Die Henkel der Amphora laufen oben in Rundungen aus, auf deren beiden Seiten je ein weiblicher Kopf mit wallendem Haar in Relief aufgetragen ist. Unter den Henkeln grosse Palmetten.

348. **Glockenförmiger Elmer** von rothem Thon. Form 5. Höhe 0,24. Am Piedimonte. Rothe Figuren auf schwarzem Grund mit aufgesetztem Weiss. Flüchtige Zeichnung. Auf der einen Seite unten ein Wellenlinienornament. Eine jugendlich männliche Figur läuft nach links indem sie sich nach rechts umsieht. Sie hat ein Band im Haar, hält auf der rechten Hand eine flache Schale, und trägt über dem rechten Vorderarm eine flatternde Binde, in der gesenkten Linken eine Traube an einem Bande; links oben im Grunde ein oblonges Ornament, rechts ein blüthenförmiges, darüber eine Binde; zwischen den Füssen am Boden eine Pflanze, rechts eine halbe Palmette. — Auf der Rückseite ein jugendlicher Satyrkopf nach links im Profil, geschmückt mit einem Band am Hals und einer Ranke von Epheu-Blättern und Blüthen im Haar. Rechts und links eine aufsteigende halbe Palmette. im Grund rechts oben ein blüthenförmiges Ornament.

349. **Zweihenkliger Krug** von rothem Thon. Höhe 0.50. Aus Piedimonte. Rothe Figuren auf schwarzem Grund mit aufgetztem Roth, Weiss und Gelb. . Gewöhnliche Zeichnung. etwa des dritten Jahrhunderts. — Auf einer laugen Kline (mit rothem Polster, rothem Rückenkissen und weissen, roth ornamentirten Füssen) sitzt rechts, nach links gewandt. eine jugendlich männliche Figur mit einem Gewand, das über den Beinen und auf der linken Achsel aufliegt; die Füsse ruhen auf einem viereckigen Bänkchen mit rothem Ornament; die rechte Hand liegt im Schooss, die linke ist mit dem Ausdruck des Staunens erhoben. Vor ihm, rechts von seinen Füssen, ein dreibeiniger weisser roth verzierter Tisch, zwischen seinen Füssen ein scheibenartiges Ornament. Links von dem Jüngling steht ihm zugewandt en face eine weibliche Figur in Schuhen, langem Aermelchiton mit doppeltem Ueberfall, weissem Perlenhalsband, weissen Armbändern. Haube und Haarschopf; mit der Linken hält sie ihm einen gelben Spiegel entgegen, in der gesenkten Rechten trägt sie einen weissen Ball (?) mit gelben Punkten. Links von ihr, in identischer Haltung und Tracht (nur ohne Haube), eine weibliche Figur, welche in der gesenkten Rechten einen weissen Zweig, in der erhobenen Linken einen weissen Fächer mit gelbem und rothem Ornament hält. Rechts von dem Jüngling steht en face nach links gewandt eine weibliche Figur mit ungegürtetem langem Aermelchiton, Haube, weissem Perlenhalsband und Armbändern; sie hält mit der Rechten über ihrem Haupt und dem des Jünglings ausgespannt einen Sonnenschirm mit weissem Stab, rothem Futter und weissem gelbcarrirtem Zeug, welches am Rande und in der Mitte oben mit weissen Punkten verziert ist; in der gesenkten Linken hält sie einen undeutlichen Gegenstand (Krug?). — Ueber dieser Figurenreihe eine zweite: Aphrodite mit zwei Eroten. Die Göttin sitzt in der Mitte. in gegürtetem ärmellosem Chiton mit Obergewand auf den Beinen, mit weissem Haarschmuck und Armbändern, mit der Linken einen blattförmigen Fächer (?) am Stil haltend, die rechte Hand auf den (nicht angedeuteten) Sitz gestützt. Rechts von ihr sitzt (die Figur nach rechts, den Kopf nach links gewandt) ein Erot mit gelb- und weissverzierten Flügeln auf einem grossen

ballonförmigen Gegenstand, in der gesenkten Linken eine Binde haltend; sein hinten aufgebundenes Haar ist in eine Haube gehüllt, welche mit weissem Perlenschmuck versehen ist; er trägt gelbe hohe Schuhe, ein Halsband von weissen und rothen Punkten und weisse Spangen an den Gelenken der Hände. Links von Aphrodite steht oder schwebt nach rechts gewandt ein in gleicher Weise geschmückter Erot, der in der gesenkten Rechten eine Binde, mit der erhobenen Linken auf einem kleinen Brete einen rothen Vogel hält (vergl. Pollux onom. VII 197, Otto Jahn, Berichte der sächsischen Gesellschaft der Wissenschaften 1854 p. 250 ff. Becq de Fouquières les jeux des anciens p. 70). In den obern Figuren sind einige Stücke ergänzt. Das Bild ist unten und oben abgeschlossen durch einen Mäander, oben ausserdem durch eine Palmettenreihe und ein Eierstabornament. Unter den Henkeln grosse Palmettensysteme.

Auf der Rückseite sitzt rechts auf einer Bodenerhöhung, nach links gewandt, eine weibliche Figur in ungegürtetem Aermelchiton, einem Obergewand das auf den Beinen ruht, mit weissen Schuhen, einer Haube und weissen Armspangen; sie hält in der erhobenen Linken einen bebänderten Thyrsosstab, in der vorgestreckten Rechten eine Schale. Rechts neben ihr am Boden eine Pflanze. Links steht, der weiblichen Figur zugewandt, ein unbärtiger Jüngling, welcher eine über den linken Arm herabfallende Chlamys, im Haar eine gelbe Binde trägt; er hält in der Rechten einen langen weissen Stab, der oben in einen rothen Zweig ausläuft (Thyrsos?), in der linken Hand (über der Schale der weiblichen Figur) ein spiegelartiges rothes Geräth. Ueber beiden Figuren sitzt nach rechts ein Erot mit ausgebreiteten Flügeln, doppeltem Perlenhalsband, einer Haube im Haar und weissen Spangen über den Knöcheln von Hand und Fuss. Er stützt sich mit der rechten Hand auf den Sitz auf und hält in der linken Hand ein Bündel von flatternden weissen Bändern (?). Rechts und links im Grund scheibenartige Verzierungen.

350. **Glockenförmiger Eimer** von rothem Thon. Form 5? Höhe 0,26. Aus Piedimonte. Rothe Figuren auf schwarzem Grund mit aufgesetztem Weiss. Flüchtige Zeichnung. Umlaufend unten eine Wellenlinie, oben ein Blattkranz; unter den Henkeln Palmetten. — Links sitzt, nach rechts gewandt, auf einer weissen Bodenerhöhung eine weibliche Figur mit gegürtetem ärmellosem Chiton, weissen Schuhen, Armspangen, Perlenhalsband und Haube mit flatternden Bändern. Sie balancirt auf der linken Hand ein mit Punkten geschmücktes Tympanon und hält in der nach links erhobenen Rechten ein weisses spiegelartiges Geräth, als wolle sie damit auf das Tympanon schlagen. Rechts steht ihr zugewandt en face ein unbärtiger Jüngling, der ihr einen Kalathos an einem weissen halbkreisförmigen Henkel entgegenhält. Er trägt Schuhe und einen Kranz im Haar, hält einen Thyrsostab im linken mit einem herabfallenden Gewand verhüllten Arm und ist mit diesem auf eine schlanke Stele oder Säule gelehnt, die sich auf breiter ionischer Basis erhebt. — Auf der Rückseite zwei einander zugekehrte unbärtige Mantelfiguren mit Stäben in der Hand. Im Grunde eine mit Schnüren umwundene Schreibtafel (?) und runde Ornamente.

351. **Glockenförmiger Eimer** von rothem Thon. Form 5. Höhe 0,31. Rothe Figuren auf schwarzem Grund. Flüchtige Zeichnung des vierten Jahrhunderts. Oben umlaufend ein Blätterkranz, unten ein Mäander. In der Mitte schreitet eine weibliche Figur nach links, indem sie sich nach rechts umsieht. Sie trägt einen langen Aermelchiton mit umgeworfenem Obergewand, eine Haube und in der Linken einen Thyrsosstab; ihre Rechte ist wie im Gespräch erhoben. Auf beiden Seiten je ein bärtiger

geschwänzter Satyr in lebhafter Bewegung. — Auf der Rückseite drei unbärtige Mantelfiguren, die beiden äussern mit Stöcken.

352. **Zweihenkliger Krug** von rothem Thon. Form 36. Höhe 0,58. Rothe Figuren auf schwarzem Grund mit aufgesetztem Weiss. Gute Zeichnung des vierten Jahrhunderts. Das Gefäss ist aus vielen Stücken zusammengesetzt, einige unbedeutende sind restaurirt. Unter den Henkeln grosse Palmettensysteme. Unten umlaufend ein Mäander, oben eine Palmettenreihe über einem Eierstab- und einem Zackenornament. Der Boden der einzelnen Figuren ist mit Punktreihen bezeichnet. Publicirt (in sehr ungenügender Weise, ohne Notiz der Provenienz) von Avellino bullettino archeologico Napoletano II tav. III. IV p. 57 ff. 73 ff.; danach von Lenormant et de Witte élite des monuments céramographiques III p. 74 ff. tab. XXX. Die bisherigen Untersuchungen haben die Deutung der Hauptdarstellung auf Poseidon und Amymone im Allgemeinen gesichert, aber in manchen Einzelheiten und in der Erklärung der Nebenfiguren Unklarheiten zurückgelassen, deren Aufhellung an diesem Ort nicht versucht werden kann. Ueber den Mythus von Poseidon und Amymone vergl. Otto Jahn. Vasenbilder p. 34 ff. II. Heydemann, griechische Vasenbilder p. 1.

In der Mitte der Hauptseite ist ein grosser Strahlenkranz im Halbkreis ausgespannt, welcher den Thalamos des Poseidon symbolisirt, den eine im Sonnenglanz aufblümende Wasserwoge bildet (vergl. Homer Ilias IX 235 ff., Philostr. sen. imag.18 II s. L. Stephani Nimbus, und Strahlenkranz p. 19, H. Brunn Jahn's Jahrbücher Supplem. IV p. 232). Innerhalb des Strahlenkranzes sitzt links ein bärtiger Mann (Poseidon), rechts eine Frau (Amymone). Die letztere en face, den Kopf dem Manne zugewendet, in einem gegürteten ärmellosen Chiton, mit Schuhen, Armspangen, weissem Perlenhalsband und einem Haarschmuck von fünf aufrecht stehenden Strichen, in einem gegürteten ärmellosen Chiton und ein Obergewand gekleidet, welches auf den Beinen ruht. Ihre Rechte ist auf den Sitz gestützt, in der erhobenen Linken hält sie einen kranzartigen Wulst (τύλη, vergl. bullett. d. inst. 1843 p. 119). Der bärtige Mann hat in den Zügen des Gesichts und namentlich durch das lockige Haupthaar Aehnlichkeit mit Zeus; er trägt Schuhe und ein Gewand, das auf den Beinen ruht. Seine linke Hand, welche einen Stab (ohne den characteristischen Theil des Dreizacks) hält, ruht im Schoosse; seine Rechte ist, wie sein Blick, hingewendet gegen einen rechts von beiden Figuren etwas tiefer und en face stehenden bekränzten Jüngling, welcher sich mit der rechten Hand auf einen links neben ihm befindlichen Pfeiler stützt, in der erhobenen Linken einen Stab hält und ein Gewand trägt, welches von der linken Schulter im Rücken herabfällt. Rechts von ihm ein Labrum, links von dem Pfeiler eine umgestürzte Hydria. Zwischen ihm und dem Strahlenkranz ein Bau, von welchem ein Theil der Basis, die rechte Seitenwand mit vorgelegter Ante, die Decke und das Aetoma zu sehen ist. Links von dem Strahlenkranz eine weibliche Figur in Schuhen, gegürtetem Chiton, Armspangen, Perlenhalsband, Ohrring und aufrecht stehendem Haarschmuck. Sie bückt sich nach rechts etwas nieder und hält mit beiden Händen ein viereckiges Kästchen mit geöffnetem Deckel einem gefleckten Reh hin, dessen Kopf zu ihr in die Höhe gerichtet ist. Neben dem Reh Blumen am Boden.

Ueber dem bisher Beschriebenen eine Scene von drei Figuren. Links oben sitzt nach rechts ein unbärtiger Jüngling auf einem Gewande, das auf einem sesselartigen Gerüst liegt. Er trägt Armspangen und einen Kranz im Haar. Mit der Linken hält er ein nach rechts davon springendes geflecktes Reh am Halse, in der gesenkten Rechten eine Strigilis und ein rundes Lekythion mit

Schnürwerk. Rechts von ihm ein (nach rechts) etwas gebückter Eros mit ausgebreiteten Flügeln, einem Kranz im Haar, Hand- und Fusspangen, welcher mit einem Pfeil in der Rechten eine am Boden hinringelnde Schlange zu treffen sich bemüht (ein Spiel, welches an das Motiv des Apollon Sauroktonos erinnert, vergl. Friederichs Bausteine p. 265). Rechts davon schaut diesem Spiele zu eine sitzende weibliche Figur (Aphrodite? nach rechts, den Oberkörper nach links gewandt) in Schuhen, ärmellosem Chiton mit Obergewand über den Beinen, mit Haube, Haarschmuck, Perlenhalsband, Armspangen, in der Rechten einen Spiegel. Rechts von ihr ein zweiter Eros mit Perlenband im Haar und Fusspangen.

Auf der Rückseite rechts unten ein weisses Labrum. Links davon steht nach links eine weibliche Figur, welche in der Linken eine Spiegelkapsel (?), in der Rechten einen Spiegel hält. Sie trägt weisse Schuhe, eine Haube und einen aufrecht stehenden Schmuck im Haar, ein Perlenhalsband, Armspangen und Ohrringe, einen langen Aermelchiton und ein Obergewand. Links von ihr sitzt eine weibliche Figur nach links, den Oberkörper nach rechts gewandt, bekränzt, bekleidet mit Schuhen, einem ärmellosen gegürteten Chiton und einem Obergewand, geschmückt mit einem schwarzen Halsband (mit Bulla?). Rechts unter ihr eine viereckige mit Linearornament verzierte Kiste. Links von ihr steht en face nach rechts eine weibliche Figur in ärmellosem gegürtetem Chiton, mit Schuhen, Armspangen, schwarzem Halsband mit kreisrunden Verzierungen, Haarschmuck von aufstehenden Strichen, in der Linken einen Spiegel, in der Rechten einen ausgespannten Sonnenschirm haltend. Links von ihr etwas tiefer ein nackter Jüngling nach rechts mit Binde im Haar, der in der Linken einen Stab, in der Rechten eine Strigilis hält. Auf dem Boden allerhand Gewächse und ein weidendes Reh. Ueber diesen Figuren steht en face ein Eros, den Blick nach links gewendet, die linke Hand an die Hüfte gelegt; geschmückt mit Fusspangen, einem Perlenband im Haar und einem gleichen über die Brust (vergl. Henzen bullett. d. inst. 1871 p. 58: corona anulempsiaca); er hält in der Rechten ein herzförmiges Blatt; links neben ihm ist ein Kranz aufgehängt.

353. **Zweihenkliger Becher** von rothem schwarz gefirnisstem Thon. Form 39. Höhe 0,15. Aus Piedimonte. Der Bauch ist gerieſelt, um den Hals läuft ein gelbes Ornament.

354. **Amphora** von gelbem Thon. Form 38. Höhe 0,40. Aus Piedimonte. Rothes Ornament auf schwarzem Grund mit aufgesetztem Weiss und Gelb. Flüchtige Dekoration. Das Gefäss hat keinen Boden. Der gelbe Thon ist mit einer dünnen Lasur roth gefärbt. — Unter den Henkeln Palmetten, unten umlaufendes Wellenlinienornament, oben am Hals Mäander. Auf beiden Seiten nach links im Profil ein weiblicher Kopf mit Haarschmuck und Ohrgeschmeide.

355. **Glockenförmiger Einer** von rothem Thon. Form 5. Höhe 0,21. Aus Piedimonte. Rothe Figuren auf schwarzem Grund. Sehr flüchtige Malerei. Oben umlaufend ein Blätterkranz. Eine Maenade in ärmellosem gegürtetem Chiton eilt nach links, indem sie die rechte Hand vorstreckt und auf der linken Hand ein Tympanon hält. Auf der Rückseite in gleicher Haltung und mit demselben Attribut ein unbekleideter Eros. Rechts und links von jeder Figur je eine halbe Palmette.

356. **Amphora** von rothem Thon. Form 38. Höhe 0,32. Aus Piedimonte. Rothe Figuren auf schwarzem Grund mit aufgesetztem Weiss und Gelb. Unter den Henkeln Palmetten, am Hals je eine Palmettenreihe und ein Mäanderstreifen. Auf beiden Seiten je ein weiblicher Kopf nach links im Profil mit Haube, Perlenhalsband, Ohrgehänge und Haarschmuck.

357. **Amphora** von rothem Thon. Form 38. Höhe 0,32. Aus Piedimonte. Rothe Figuren auf schwarzem Grund mit aufgesetztem Weiss und Gelb. Sehr flüchtige Malerei. Unter den Henkeln Palmetten. Am Hals je eine Palmettenreihe und ein Eierstabornament. — Auf einer mit einem Mäander verzierten Basis erheben sich rechts und links zwei an den Stirnseiten mit ionischen Pilastern oder Säulen geschmückte Mauern, welche ein Epistyl und einen mit Palmetten verzierten Giebel tragen. Im Innern des Gebäudes eilt ein (weiss gemalter) Jüngling mit kurzem blondem Haar nach links, welcher in der gesenkten Rechten ein rundes Lekythion am Bande trägt, den linken Arm in ein herabfallendes Gewand gehüllt. Rechts und links von seinem Kopf je ein schmales Fenster (?). Nach der Haltung seines Kopfes zu schliessen, scheint er in das Fenster zur Linken den Blick zu richten. — Auf der Rückseite ein Frauenkopf nach links im Profil mit Haube, Haarschmuck, Ohrgehäng und Perlenhalsband.

358. **Ausgussgefäss** von rothem Thon. Form 40. Höhe 0,32. Aus Piedimonte. Rothe Figuren auf schwarzem Grund mit aufgesetztem Weiss und Gelb. Unten ringsum ein Wellenlinien-, oben fortlaufend ein Stern-Ornament. Unter dem Henkel Palmetten. — Links sitzt (nach links, den Kopf nach rechts gewendet) eine weibliche Figur, welche mit einem gegürteten Aermelchiton und einem Obergewand, das auf den Beinen ruht, bekleidet ist. Sie trägt ausserdem gelbe Schuhe und Armspangen, ein weisses Perlenhalsband, Ohrgehänge und einen Haarschmuck mit flatternden Bändern. In der Rechten hält sie einen Fächer und berührt mit der Linken den rechten Oberschenkel. Rechts von ihr sitzt nach links gewendet ein Jüngling auf einem ausgebreiteten Gewand, welcher im Haar eine Binde, im Nacken einen Petasos, auf der ausgestreckten rechten Hand eine Schale und in der linken einen thyrsosartigen Zweig trägt. Zwischen beiden Figuren am Boden ein Spiegel (?).

359. **Einhenkliger Krug** von rothem Thon. Form 41. Höhe 0,28. Aus Piedimonte. Rothe Figuren auf schwarzem Grund mit aufgesetztem Weiss, Gelb und leichtem Rosa. Geschickte flüchtige Zeichnung. — Auf der dem Henkel entgegengesetzten Seite ist ein unten durch eine Wellenlinie, oben durch ein Eierstabornament begränztes Feld für die Darstellung benutzt. Links tanzt, die Figur nach links, den Kopf nach rechts gewendet, eine Mänade in gegürtetem ärmellosem Chiton. Sie trägt ausserdem rosafarbene Schuhe, Armspangen, ein Perlenhalsband, Ohrgehäng, Haarschmuck und eine Haube mit flatternden Bändern. Auf der linken Hand hält sie ein mit Punkten und flatternden Bändern geschmücktes Tympanon und in der gesenkten Rechten eine weisse Traube. Rechts von ihr am Boden eine Pflanze. Ihr folgt im Laufe von rechts ein jugendlicher bekränzter Satyr mit einer Hypothymis (?) und wallenden Bändern im Haar, welcher in der Rechten einen Kranz, in der Linken eine mit einem Teller versehene brennende Fackel trägt.

360. **Zweihenkliger Krug** von rothem Thon. Figur 36. Höhe 0,28. Aus Piedimonte. Flüchtige Zeichnung. Rothe Figuren auf schwarzem Grund mit aufgesetztem Weiss und Gelb. Unter den Henkeln Palmetten; unten ringsumlaufend ein Wellenlinien-, oben ein Eierstab-Ornament. — Eine weibliche Figur, in gegürtetem ärmellosem Chiton mit Armspangen, gelben Schuhen, Halskette, Ohrringen, Haube mit Haarschmuck, sitzt nach links auf einer Bodenerhöhung. Sie hält in der gesenkten Linken einen Kranz, auf der Rechten eine flache Schale und mit den Fingern derselben Hand ein Kranzgewinde; links oben ein sternförmiges, rechts oben ein oblonges Ornament. — Auf der Rückseite ein weiblicher Kopf nach links im Profil, mit Haube, Ohrringen, Perlenhalsband und aufstehendem Haarschmuck. Rechts unten und oben im Grunde ein rundes Ornament.

361. **Hydria** von rothem Thon. Form 42. Höhe 0,32. Aus Piedimonte. Rothe Figuren auf schwarzem Grund, mehrfach ungeschickt ergänzt, und von flüchtiger Zeichnung. Unter den beiden einander entgegenstehenden Henkeln Palmetten, unten umlaufend ein Wellenlinienornament. — Links steht nach rechts gewandt eine weibliche Figur in Chiton und Haube, welche ein Tympanon gehalten zu haben scheint. Rechts sitzt ein unbekleideter Jüngling, nach links gewandt, auf einem ausgebreiteten Gewand, unter ihm ein Tympanon am Boden. Zwei runde Ornamente, ein Zweig und eine Binde im Grunde.

362. **Zweihenkliger Krug** von rothem Thon. Form 36. Höhe 0,32. Aus Piedimonte. Rothe Figuren auf schwarzem Grund mit aufgesetztem Weiss, in flüchtiger Malerei. Unter den Henkeln Palmetten, unten umlaufend ein Wellenlinien-, oben einerseits ein Blatt-, andrerseits ein Stern-Ornament. — Links sitzt nach rechts gewandt ein nackter Jüngling auf einem zusammengelegten Gewande. Er trägt einen Reif mit Blüthen im Haar und hält in der gesenkten rechten Hand einen Thyrsus, auf der vorgestreckten linken eine flache Schale. Rechts von ihm steht, nach links gewandt, eine weibliche Figur in gegürtetem ärmellosem Chiton, Schuhen, Armspangen, doppeltem Perlenhalsband, Haube und Haarschmuck, welche ihm mit der Rechten einen Fächer entgegenhält und in der gesenkten Linken ein weisses Blatt trägt. Zwischen beiden Figuren im Grund Sternornamente. — Auf der Rückseite einander zugewandt zwei Mantelfiguren, die zur Rechten mit einem Stabe. Zwischen ihnen im Grunde Schreibtafeln.

363. **Zweihenkliger Krug** von rothem Thon. Form 36. Höhe 0,28. Rothe Figuren auf schwarzem Grund mit aufgesetztem Weiss, in flüchtiger Malerei. Unter den Henkeln Palmetten; unten ringsumlaufend ein Wellenlinien-, oben einerseits ein Stern-, anderseits ein Strich-Ornament. — Eros, unbekleidet, sitzt nach links gewandt auf einem ausgebreiteten Gewand. Er trägt eine Haube im Haar, Ohrgehänge, Armspangen, hohe Schnürstiefel und Perlenbänder um Hals, Brust und linkem Schenkel. Auf der rechten Hand hält er eine flache Schale. — Auf der Rückseite ein weiblicher Kopf nach links im Profil mit Haube, Ohrgehänge und Perlenhalsband.

364. **Zweihenkliger Krug** von rothem Thon. Form 36. Höhe 0,26. Aus Piedimonte. Rothe Figuren auf schwarzem Grund mit aufgesetztem Weiss und Gelb. Unter den Henkeln Palmetten; unten ringsumlaufend ein Wellenlinien-, oben ein Eierstab-Ornament. — Eros sitzt auf einem ausgebreiteten Gewandstück, die Figur nach rechts, den Kopf nach links gewandt. Die rechte Hand stützt er auf den Sitz, in der linken hält er eine Schale. Er trägt eine Haube, Ohrgehänge, Spangen an den Handgelenken und am rechten Unterschenkel, Perlenbänder um Hals, Brust und rechten Oberschenkel. Im Grunde Zweige, ein sternförmiges und ein oblonges Ornament. — Auf der Rückseite ein weiblicher Kopf nach links im Profil, mit Haube, Haarschmuck, Perlenhalsband und Ohrgehänge. Im Grunde ein Zweig, zwei sternförmige und ein oblonges Ornament.

365. **Einhenkliges Gefäss** von rothem Thon. Form 43. Höhe 0,30. Aus Piedimonte. Rothe Figuren auf schwarzem Grund mit aufgesetztem Weiss und Gelb, in flüchtiger Zeichnung des vierten Jahrhunderts. Unter dem Henkel Palmetten; unten umlaufend ein Mäander, oben eine Palmettenreihe. — Links steht nach rechts, den linken Fuss erhöht, eine weibliche Figur, welche wie im Gespräch die beiden Arme bewegt; sie trägt einen gegürteten ärmellosen Chiton, Haube, Ohrgehäng, Halsband und Armspangen. Rechts neben ihr sitzt nach rechts auf einem schön ornamentirten Stuhl (ohne Rückenlehne, mit Fussbänkchen) eine weibliche Figur, welche auf der linken Hand eine flache Schale

hält; sie trägt eine Haube, Armspangen, Ohrgehänge, ein doppeltes Perlenhalsband, einen ungegürteten Aermelchiton und ein Obergewand, welches auf ihren Beinen ruht. Ihr zugewendet steht rechts neben ihr ein unbärtiger Jüngling, der ihr mit der Rechten eine Leiter entgegenhält (vergl. Heydemann de scalae in vasorum picturis significatu, annali dell' instituto 1869 p. 309 ff., der die Leiter für ein musikalisches Instrument hält); er trägt ein Gewand, welches von der linken Schulter niederfällt und stützt die linke Achsel auf einen Stab. Rechts von ihm sitzt nach rechts auf einem gleichgeformten Stuhl in gleichem Gewand und Schmuck eine weibliche Figur, welche auf der Linken einen Kasten mit halbgeöffnetem Deckel trägt. Ihr zugewendet steht rechts neben ihr eine weibliche Figur, welche in der gesenkten Linken einen Fächer, in der Rechten einen Spiegel hält. Sie trägt einen gegürteten, vorn mit einem verticalen Ornamentstreifen versehenen Aermelchiton, Schuhe, Haube, Ohrgehänge, doppeltes Perlenhalsband und Armspangen. Ueber der zweiten Figur oben im Grund ein Ball (?).

366. **Einhenkliges Oelgefäss** von rothem Thon. Form 43. Höhe 0,28. Aus Piedimonte. Rothe Figuren auf schwarzem Grund. Unter dem Henkel Palmetten, oben umlaufend eine Wellenlinie. Eros schwebt nach links mit ausgebreiteten Flügeln, in der Rechten ein (nicht zusammengebundenes) Kranzgewinde haltend.

367. **Einhenkliges Oelgefäss** von rothem Thon. Form 43. Höhe 0,18. Aus Piedimonte. Rothe Figuren auf schwarzem Grund. Unten umlaufend ein Eierstabornament, unter dem Henkel Palmetten. Eine Frau mit gegürtetem ärmellosem Chiton, Haube, Halsband, Armspangen, Ohrringen, eilt nach rechts, das Gesicht nach links gewandt. Auf der linken Hand hält sie einen flachen Korb, in der rechten eine brennende Fackel.

368. **Einhenkliges Oelgefäss** von rothem Thon. Form 43. Höhe 0,20. Aus Piedimonte. Rothe Figuren auf schwarzem Grund mit aufgesetztem Weiss. Unter dem Henkel Palmetten, oben umlaufend ein Sternornament. Rechts tanzt en face, das Gesicht nach rechts gewendet, ein jugendlicher ithyphallischer Pan (zwei Hörner über der Stirn, mit einem Schwanz im Rücken, einem Kranz im Haar und über der Brust, zwei weisse Kränze an den Oberschenkeln). Er hält mit beiden Händen flatternde Binden. Links von ihm eilt nach links eine weibliche Figur, welche mit dem Ausdruck des Erstaunens die Hände erhebt. Sie trägt einen gegürteten ärmellosen Chiton und ein im Rücken flatterndes Obergewand, Schuhe, Armspangen, Perlenhalsband, Ohrgehänge, Haube und Haarschmuck.

369. **Einhenkliger Krug** von rothem Thon. Form 44. Höhe 0,24. Aus Piedemonte. Rothe Figuren auf schwarzem Grund. Unten umlaufend ein Mäander, unter dem Henkel Palmetten, oben ein doppeltes Blattornament. — Rechts reitet nach links auf einem aufgezäunten Pferde eine Amazone, welche in der Rechten eine Streitaxt schwingt und mit der Linken die Zügel des Pferdes hält. Sie trägt Schnürstiefeln, eine gefleckte phrygische Mütze, einen kurzen gegürteten Aermelchiton mit punktirtem und linearem Ornament. Der oberste Theil der Pferdemähne scheint in einen besondern Schopf aufgebunden zu sein. Links eilt auf die Amazone zu im Angriff ein unbärtiger Krieger (mit langem Haupthaar, hohem geschweiftem Helm, gegürtetem ärmellosem Chiton und Schnürstiefeln), welcher am linken Arm einen grossen Schild trägt und mit der Rechten eine Lanze gegen die Amazone schwingt. Vergl. A. Klügmann combattimento di Amazzoni a cavallo sopra i vasi di stile bello, annali dell' instituto 1867 p. 211. E. Schulze de vasculo picto et Amazonis pugnam et inferiarum ritus repraesentante Gotha 1870.

.

370. **Flache henkellose Schale** von rothem Thon. Form 24. Durchmesser 0.275. Aus Piedimonte. Rothe Figur auf schwarzem Grund mit aufgesetztem Weiss. Innerhalb eines dreifachen Kranzes von linearem Ornament, steht eine weibliche Figur, en face nach links gewendet, welche einen ärmellosen gegürteten Chiton, über den Armen ein shawlartiges Obergewand, Schuhe, Armspangen, Ohrringe, eine Haube mit Bändern und Haarschmuck trägt, und in der gesenkten Linken einen mit weissem Ornament verzierten Kalathos, auf der rechten Hand eine gefranzte Binde und flache Schale mit einigen darauf liegenden Gegenständen hält. Quer über ihre Figur weg ist ein mit langer gefranzter Binde versehener Thyrsosstab gemalt. Rechts und links von ihr am Boden je eine Pflanze.

371. **Fischteller** von rothem Thon ($Ix\Im\upsilon\mu\rho\acute{o}s$ $\pi\iota\nu\alpha\varkappa\acute{\iota}\sigma\varkappa o\varsigma$ vergl. L. Stephani Compte-rendu de la comm. imp. arch. 1866 p. 63). Form 45. Durchmesser 0.276. Aus Piedimonte. Rothe Figuren auf schwarzem Grund mit aufgesetztem Weiss. An dem umgebogenen Rand umlaufend ein Blätterkranz. Oben in der Mitte ein vertiefter Umbilicus. Um denselben drei Seethiere: ein nicht näher bestimmbarer Fisch, ein Torpedo (Zitterroche), und ein achtarmiger Tintenfisch (Octopus, nach Troschel's Handbuch der Zoologie. 6. Aufl. p. 526 der Polypus der Alten, der ein Lieblingsgericht der Athener war; vergl. Bergk comm. de rel. com. p. 396.).

372. **Fischteller** von rothem Thon. Form 45. Durchmesser 0,21. Aus Piedimonte. Rothe Figuren auf schwarzem Grund mit aufgesetztem Weiss. Auf dem umgebogenen Rand umlaufend eine Wellenlinie. Oben in der Mitte ein vertiefter Umbilicus. Um denselben drei nicht näher bestimmbare Fische im Profil nach links, unter ihnen vier Muscheln.

373. **Teller** von rothem Thon. Form 24. Durchmesser 0,235. Aus Piedimonte. Rothe Figuren auf schwarzem Grund mit aufgesetztem Weiss, in sehr flüchtiger Malerei. Die Innenseite ist mit mehrfachem umlaufendem Ornament umschlossen, der Boden der Darstellung durch ein Mäanderornament abgegränzt. Auf einer Erderhöhung sitzt nach links eine weibliche Figur in gegürtetem ärmellosem Chiton, mit Haube und flatternden Bändern. In der gesenkten Linken hält sie einen Kranz, auf der Rechten eine flache Schale. Im Grund zwei Zweige, eine Binde, ein sternförmiges und ein blüthenförmiges Ornament.

374. **Zweihenklige Schale** von rothem Thon. Form 46. Durchmesser 0,19. Aus Piedimonte. Schwarze Figuren auf rothem Thon. Je zu beiden Seiten der Henkel Palmetten. auf der Aussenseite eine Darstellung in der flüchtigsten Malerei. Eine anscheinend weibliche Figur reitet auf einem aufgezäumten Maulesel an dessen langem Phallus ein Kranz hängt. Links eine Figur mit Gewand, rechts ein bärtiger Satyr mit Pferdeschwanz. Im Grund Rebzweige. Auf der entgegengesetzten Seite ist dieselbe Darstellung in derselben flüchtigen Weise wiederholt. nur fehlt dem Maulthier der Phallus und ist an Stelle der Gewandfigur ein Satyr getreten.

375. **Zweihenkliger Krug** von rothem Thon. Form 36. Höhe 0,24. Aus Piedimonte. Rothe Figuren auf schwarzem Grund mit aufgesetztem Weiss, in sehr flüchtiger, beschädigter Malerei. Unter den Henkeln Palmetten, unten umlaufend ein Wellenlinien-, oben ein Eierstab-Ornament. Auf einer Bodenerhöhung sitzt nach links ein nackter Eros mit aufgebundenem Haupthaar, die Linke auf den Sitz gestützt, in der rechten Hand einen viereckigen Kasten (?) haltend. Im Grunde eine aufgehängte Binde, zwei Zweige und ein sternförmiges Ornament. Auf der Rückseite in eiligem Lauf nach rechts, den Kopf nach links gewendet, eine weibliche Figur (in gegürtetem ärmellosem Chiton, mit Haube),

welche in der gesenkten Linken einen Kranz, auf der Rechten eine Schale hält. Im Grund ein Zweig und drei sternförmige Ornamente.

376. **Henkellose Schale** von rothem schwarz gefirnisstem Thon. Form 24. Durchmesser 0,19. Bei Salerno gefunden, Geschenk von Herrn Schulthess-Brunner. Im Innern sind einige punktirte Ornamente leicht eingepresst.

377. **Zweihenklige Schale** von rothem theilweis schwarz gefirnisstem Thon, ohne Ornament. Form 2. Durchmesser 0.14. Bei Salerno gefunden, Geschenk des Herrn Schulthess-Brunner.

378. **Einhenkliges Salbgefäss** von rothem schwarz gefirnisstem Thon, mit geriefeltem Bauch ohne Ornament. Form 31. Höhe 0,095. Bei Salerno gefunden.

379. **Einhenkliges Salbgefäss** von rothem Thon. Form 11. Höhe 0.10. Aus Piedimonte. Rothes Ornament auf schwarzem Grund. Ein weiblicher Kopf mit Haube nach links im Profil. Rechts und links je eine halbe Palmette.

380. **Einhenkliges Salbgefäss** von rothem Thon. Form 43. Höhe 0,11. Aus Piedimonte. Rothes Ornament auf schwarzem Grund. Unter dem Henkel eine Palmette. Ein nackter Knabe sitzt nach links mit geschlossenen Beinen, etwa in der Haltung eines sich Schaukelnden. Er hält in der Rechten einen Spiegel.

381. **Schlanker Lekythos** von rothem Thon. Form 21. Höhe 0,13. Aus Piedimonte. Rothe Figur auf schwarzem Grund. Eine Mänade mit überfallendem ärmellosem Chiton ohne Gürtel steht nach rechts gewandt, indem sie mit der linken Hand einen Thyrsos aufstützt und die rechte erhebt. Links von ihr im Grunde eine Binde (?).

382. **Lekane** von rothem Thon. Form 47. Durchmesser 0,10. Aus Piedimonte. Rothes Ornament auf schwarzem Grund. Die Schale ist mit einem Blätterkranz verziert; der Deckel mit einer umlaufenden Wellenlinie, zwei Palmetten und zwei Frauenköpfen (nach links im Profil) mit Haube, Haarputz und Ohrgehänge.

383. **Lekane** von rothem Thon. Form 47. Durchmesser 0,09. Aus Piedimonte. Die Vase ist auf dieselbe Weise wie die vorige verziert.

384. **Einhenkliger Krug** von rothem Thon. Form 32. Höhe 0,09. Angeblich aus Piedimonte, zweifelhaft ob antik. Schwarze Figuren auf rothem Grund. Zwei unbekleidete bärtige Satyrn mit Pferdeschwanz. Der zur Linken kriecht auf Händen und Füssen einen Steinhaufen in die Höhe.

385. **Einhenkliges Gefäss** von rothem schwarzgefirnisstem Thon. Form 14. Höhe 0,16. Aus Piedimonte. Auf dem Bauch sind zwei Trauben mit Blätterzweigen, weiss aufgemalt.

386. **Einhenkliger Krug** von gelbem Thon. Form 49. Höhe 0,10. Geschenk des Herrn Kenngott. Schwarzes Ornament auf gelbem Grund. Unter dem Henkel Palmetten; auf der dem Henkel entgegengesetzten Seite eine Gans.

387. **Alabastron** mit durchbohrtem Henkel von gelbem Thon. Form 50. Höhe 0,12. Geschenk von Herrn Kenngott. Schwarze Figuren auf gelbem Grund mit aufgesetztem Roth. Eine Harpyie oder Sirene mit menschlichem Kopf und Vogelleib, auf dem Kopfe ein Aufsatz. Rechts daneben eine Gans. Im Grunde Rosetten.

388. **Zweihenklige Schale** von rothem schwarzgefirnisstem Thon. Form 2. Durchmesser 0,14. Aus Piedimonte. Aussen und innen ein roth aufgemalter Blätterkranz. In der Mitte innen eine Palmette.

389. **Schlanker Lekythos** von rothem schwarz gefirnisstem Thon. Form 21. Höhe 0,08. Geschenk des Herrn Schinz-Hirzel. Auf dem Bauch ein weisser Streifen, auf welchem schwarz eine Ranke von Epheu-Blättern und -Dolden gemalt ist.

390. **Alabastron** von gelbem Thon mit roth aufgemalten Streifen und Punkten. Form 50. Höhe 0,12. Aus Piedimonte.

391. **Schlanker Lekythos** von rothem Thon. Form 21. Höhe 0,13. Aus Piedimonte. Hals und Henkel fehlen. Schwarze Figuren auf rothem Grund mit aufgesetztem Roth und Weiss. Schlecht erhaltene und flüchtige archaistische Zeichnung. Auf den Wagen eines nach rechts gewendeten Viergespannes tritt eine bekleidete weibliche Figur, welche die Zügel und ein Kentron hält. Hinter dem Viergespann drei weibliche Figuren; eine vierte sitzt rechts von demselben auf einem Klappstuhl.

392. **Schlanker Lekythos** von rothem Thon. Form 21. Höhe 0,15. Aus Piedimonte. Schwarze Figuren auf rothem Grund in flüchtiger und schlecht erhaltener archaisirender Zeichnung. Ein Viergespann nach rechts, mit einem Wagenlenker; dahinter ein bewaffneter Krieger.

293. **Schlanker Lekythos** von rothem Thon. Form 33. Höhe 0,18. Aus Piedimonte. Schwarze Figuren auf rothem Grund mit aufgesetztem Rothbraun, in flüchtiger archaistischer Zeichnung. Rechts und links stossen zwei Krieger einen dritten zwischen ihnen befindlichen mit Lanzen zu Boden. Alle drei tragen Helm, Schild, Schwert, Beinschienen und einen kurzen gegürteten Chiton.

294. **Schlanker Lekythos** von rothem Thon. Form 33. Höhe 0.17. Aus Oberitalien. Geschenk von Herrn C. Schinz. Schwarze Figuren auf rothem Grund mit aufgesetztem Rothbraun, in roher archaistischer Malerei. Drei bekleidete Figuren sitzen auf Klappstühlen; die mittlere scheint die Leier zu spielen.

395. **Schlanker Lekythos** von rothem Thon. Form 33. Höhe 0,16. Aus Piedimonte. Schwarze Figuren auf rothem Grund, in roher archaistischer Malerei. Links sitzen, nach rechts gewandt, auf Klappstühlen, zwei bekleidete Figuren. Von ihnen eilt rechts eine bekleidete Figur mit einer Keule (?) hinweg.

396. **Schlanker Lekythos** von rothem Thon Form 33. Höhe 0,12. Aus Piedimonte. Am Bauche der Vase schwarze Palmetten auf rothem Grunde.

397. **Schlanker Lekythos** von rothem Thon. Form 21. Höhe 0,16. Aus Piedimonte. Flüchtige, bis auf wenige Spuren verschwundene schwarze Malerei auf rothem Grunde. Vier bekleidete Figuren. Im Grund Rebzweige.

398. **Ausgussgefäss** von rothem Thon. Form 29. Höhe 0,15. Aus Piedimonte. Rothes Ornament auf schwarzem Grund. Um den Bauch des Gefässes läuft ein weiss aufgemalter Blätterkranz. Auf dem Hals Palmetten und eine nach links gelagerte weibliche Figur, welche in der linken Hand einen Spiegel, auf der rechten eine flache Schale hält. Sie trägt eine Haube, ein Halsband und einen ärmellosen Chiton. Auf den vorstehenden Spitzen der Halsmündung ist ein Kopf en face undeutlich eingepresst.

399. **Glockenförmiger Eimer** von rothem Thon. Form 5. Höhe 0.17. Geschenk des Herrn Schinz-Hirzel. Rothe Figuren auf schwarzem Grund mit aufgesetztem Weiss. Flüchtige Malerei. Unter den Henkeln Palmetten, oben umlaufend ein Wellenlinienornament. Auf der einen Seite eine Mänade im Laufe nach links, welche mit der linken Hand einen mit Bändern verzierten Thyrsosstab aufstützt und in der Rechten ein gleichfalls mit Bändern versehenes Tympanon hält. Sie trägt ein Band im

Haar, Ohrgehänge, eine Halskette, Armspangen und einen gegürteten ärmellosen Chiton. Auf der Rückseite steht eine in einen Mantel gehüllte unbärtige Figur nach links, welche eine Binde im Haar trägt und mit der rechten Hand einen Stab aufstützt.

400. **Glockenförmiger Eimer** von rothem Thon. Form 5. Höhe 0,17. Geschenk von Herrn Schinz-Hirzel. Rothe Figuren auf schwarzem Grund. Flüchtige Zeichnung. Unter dem Rand oben umlaufend ein Blätterkranz; unter den Henkeln Palmetten. Auf der einen Seite kauert (nach rechts gewandt) ein unbekleideter Eros, welcher eine Binde im Haar trägt, eine andere in der rechten Hand, und auf der linken Hand eine flache Schale hält. Auf der Rückseite eine jugendliche nach links gewendete männliche Figur, welche ganz in ein Gewand gehüllt ist, im Haar ein weisses Band, und in der einen Hand einen weissen Zweig(?) trägt. Links daneben ein vierseitiger hoher Pfeiler, auf welchem oben ein weisser elliptischer Gegenstand aufliegt.

401. **Fragment des Henkels eines** sogenannten **vase a colonnette**, gefunden auf dem Uetliberg bei Zürich mehrere Fuss tief im Boden, im Jahr 1840. Breite 0,09. Schwarz aufgemalt oben auf den rothen Thon eine Palmette. Publicirt von Ferdinand Keller, Anzeiger für schweizerische Alterthumskunde 1871 n. 3. p. 255 ff.

Vasen der Sammlung des eidgenössischen Polytechnikums.

I. Vasen des ältesten Stils.

402 (1). **Thymiaterion** von gelbem Thon. Aus Ruvo, in Neapel erworben. Form 51. Höhe 0,41. Um den durch mehrere rosa- und zinnoberroth gemalte Streifen eingetheilten Schaft sind rings umlaufend mit dunkler brauner Farbe in verschiedenen Reihen verschiedene Linear-, zwei Blätter-Ornamente und eine Reihe von langbekleideten, wie es scheint, weibliche Figuren gemalt, welche en face stehen und sich bei den Händen fassen. Dieselben sind in der Manier des primitivsten Stils mit wenigen Linien gezeichnet. In der Höhlung und auf dem horizontalen Rand des Beckens oben archaische Linear-Ornamente. Ueber die Verwendung der Thymiaterien im antiken Cultus vergl. Stephani, Compte-rendu de la commission impériale archéologique 1866 p. 30, 1861 p. 126. Ueber ihre Form vergl. Semper der Stil II p. 37.

403 (2). **Einhenkliger Krug**. Aus Griechenland. Von einem griechischen Schiffscapitän in Civitavecchia erworben. Form 52. Höhe 0,33. Publicirt von Richard Förster annali dell' instituto 1866 p. 172 ff., monumenti inediti dell' instituto vol. VIII tav. V 2. Schwarze Figuren auf gelbem Grund mit aufgesetztem Dunkelroth. Einige Stücke der Vase fehlen und sind, ohne Restauration der Bemalung, ergänzt worden. Am Fuss ein Kelch von assyrischen Blüthen- und Blätter-Ornamenten, am Hals ein Torenband, auf der äussern Seite des Henkels Querstreifen. Der Bauch der Vase ist durch drei Streifen von umlaufendem Linear-Ornament in zwei Friese getheilt, welche mit Thierfiguren und einer Menge der verschiedenartigsten Ornamente ausgefüllt sind. In dem untern nach rechts gewandt: zwei weidende Hirsche und ein Hirschkalb; in dem obern nach links gewandt: eine Gans oder Ente, ein kauernder geflügelter Greif mit Adlerkopf und Löwenleib, und eine weidende Hirschkuh nach rechts gewandt. Die Malerei ist sorgfältig und, innerhalb des Stiles dem sie angehört, entwickelt; sie soll, wie Helbig bemerkt, nicht mit dem Pinsel, sondern mit einer Rohrfeder ausgeführt sein.

404 (3). **Runder Lekythos** von gelbem Thon. Form 17. Höhe 0,6. Schwarz aufgemalt mit aufgesetztem Roth drei Gänse nach rechts. Im Grund Rosetten. Flüchtige stark beschädigte Malerei.

405 (4). **Amphora**. Aus Capua, in Neapel erworben. Form 59. Höhe 0,34. Schwarze Figuren auf gelbem Grund mit aufgesetztem Dunkelroth und Weiss. Auf der einen Seite zwei einander zugekehrte Hähne; zwischen ihnen und im Grund archaisches Ornament. Auf der geringer gezeichneten und durch einige eingesetzte unwesentliche Stücke ergänzten Rückseite: Achill und Troilos. Troilos in kurzem anliegendem Chiton mit Köcher, reitet auf einem aufgezäumten Schimmel (dahinter ein zweites, braunes Pferd) nach rechts, und wendet sich, einen Pfeil vom Bogen abschiessend, nach links.

Ihn verfolgt mit der Lanze von links in eiligem Schritt ein bärtiger unbekleideter Mann (Achilles), der eine Kappe oder einen Helm auf dem Kopf trägt. Links neben diesem eine zweite unbekleidete bärtige Figur mit Köcher, welche im Lauf nach rechts einen Pfeil vom Bogen abschiesst. Im Grund undeutlich die folgenden Inschriften: 1) ͰΑΥΝΟΔ 2) ΒΑΜΟΠ 3) Μ᾽- ΜΑΔ 4) ΟΜΚ ΥΣΑ 5) Δ᾽ϝϞ ϜͱͰϞͱͰ. Aeusserst flüchtige Zeichnung und Malerei.

406 (5). **Eimer** mit vier Henkeln. Aus Corneto. Form 53. Höhe 0,23. Schwarze Figuren auf gelbem Grund mit aufgesetztem Dunkelbraun. Auf den horizontalen Henkelflächen oben, ein sich zurückwendender Vogel, im Grund eine Rosette. Um den Bauch ein Streif von Thierfiguren. Zwei Sirenen mit Vogelleib, menschlichem Gesicht und langem Haar; ein Schwan, welcher die Flügel schlägt, zwei Gänse, zwei Hähne und ein fliegender Vogel.

407 (6). **Einhenkliger Krug.** Aus Corneto. Form 54. Höhe 0,23. Schwarze Figuren auf gelbem Grund mit aufgesetztem Dunkelbraun. Zwei geflügelte Sphinxe mit geschwänztem Thierleib, menschlichem Kopf und langem Haar, einander zugewandt. Zwischen ihnen ein aufrechtstehender Vogel mit kurzen Beinen, gekrümmtem und geflecktem Hals.

II. Vasen mit schwarzen Figuren auf rothem Grund.

408 (7). **Grosse Amphora** mit losem Deckel. Aus Corneto. Form 55. Höhe 0,59. Einzelne Stellen der Malerei sind dunkelbraun und weiss erhöht. Am Hals und unter den Henkeln Palmetten, um den Fuss ein aufsteigender Blätterkranz; über demselben umlaufend eine Blätterreihe und ein einfacher Mäander. Herakles, unbekleidet, bärtig, eine Binde im krausen Haar, liegt nach rechts ausgestreckt auf dem Boden und ringt mit dem Löwen, dessen Hals er mit dem linken Arm umschlungen, dessen linkes Hinterbein er mit der rechten Hand erfasst hält. Hinter ihm links steht nach rechts Athene mit Helm, Aigis und gegürtetem ärmellosem Chiton, eine Lanze in der rechten Hand. Sie streckt die Linke aus gegen Jolaos, welcher rechts neben ihr nach rechts gewandt steht und mit staunend erhobenem rechten Arm sich nach ihr umwendet; er trägt ein Schurzfell um die Lenden, ein Schwert an der Seite, einen Köcher mit Band über der linken Achsel und in der linken Hand eine Keule. Rechts steht nach links eine weibliche Figur, welche staunend die beiden Hände erhebt. Dieselbe trägt einen langen Chiton und ein Obergewand, welches auf dem Kopf aufliegt. — Auf der Rückseite eine Abschiedsscene. Links steht eine nach rechts gewandte männliche Figur mit weissem Bart- und Haupthaar, welche über einem Chiton ein langes Obergewand trägt und mit der Linken einen Stab aufstützt. Rechts steht ihr zugewendet ein bärtiger Krieger mit Helm, Beinschienen, Lanze und weissem Schild, auf welchem schwarz ein fliegender Vogel gemalt ist, der eine Schlange im Schnabel trägt. Rechts daneben nach links gewendet eine weibliche Figur in langem Chiton die Arme in ein grosses Obergewand verhüllt, welches auf dem Kopfe aufliegt. Feine archaische Zeichnung.

409 (8). **Amphora.** Aus Capua. In Neapel erworben. Form 56. Höhe 0,43. Einzelne Stellen der Malerei sind dunkelroth und weiss erhöht. Bakchischer Aufzug. Hephaestos Rückkehr in den Olymp. Rechts steht nach links ein bärtiger langgeschwänzter Satyr mit einer Binde im Haar, welcher die linke Hand vorstreckt und über der rechten Achsel einen Schlauch trägt. Ihm entgegen geht

nach rechts ein Zug von drei Figuren: zunächst Dionysos, bärtig, einen reichen Epheukranz im Haar, mit langem weissem Aermelchiton und einem grossen Obergewand. In der linken Hand hält er ein Trinkhorn, in der rechten Rebzweige. Sodann eine Mänade, welche beide Arme wie im Tanz bewegt; sie trägt einen gegürteten ärmellosen Chiton und im Haar eine Binde. Schliesslich ein bärtiger langgeschwänzter Satyr, der seinen linken Arm um die Brust der Mänade legt. Eine Fortsetzung dieses Zugs scheint die Darstellung der Rückseite zu geben, durch vier Figuren, welche gleichfalls nach rechts bewegt sind: an beiden Enden Satyrn in gleicher Form und Aussehen, in der Mitte Hephästos, bärtig, bekränzt, mit einem kurzen Mäntelchen bekleidet, auf einem ithyphallischen Maulthier reitend. Links neben ihm eine Mänade in einem gegürteten gemusterten Chiton ohne Aermel, eine Binde im Haar. Im Grund Rebzweige. Geringere, archaische Zeichnung. Auf dem Boden eingekratzt: M I

410 (9). **Hydria.** Aus Corneto. Form 57. Höhe 0.30. Einzelne Stellen der Malerei sind dunkelroth und weiss erhöht. Das Feld der Darstellung ist rechts durch eine Palmetten-, links durch eine Blätterreihe abgegränzt. Auf dem Bauche der Vase eine Quadriga nach rechts, deren Geschirr sehr detaillirt angegeben ist. Auf dem Wagen steht ein bärtiger Wagenlenker, welcher die Zügel mit beiden Händen und in der Rechten ausserdem das Kentron hält. Ueber dieser Darstellung in besonderm Felde ein Zweikampf zweier mit Helm, Schild und Beinschienen bewaffneter Krieger, welche sich mit den Lanzen angreifen. Rechts und Links von ihnen stehen ruhig nach der Mitte zugewandt, zwei unbärtige Figuren in doppeltem Gewand. Flüchtige Zeichnung. Unter dem Boden roth aufgemalt: **8**.

411 (10). **Amphora.** Aus Corneto. Form 58. Höhe 0,28. Einzelne Stellen der Malerei sind weiss erhöht. Am Hals und unter den Henkeln Palmetten. Am Fuss ein aufsteigender Blätterkranz; darüber umlaufend eine doppelte Blätterreihe. Herakles bei Pholos. Herakles in Chiton und Löwenfell, dessen Kopf auf seinem Kopfe aufruht, steht gebückt nach rechts vor einem mit dem Obertheil aus der Erde vorstehenden Weinfass (Pithos) in das er hineinzublicken scheint. Links von ihm der Kentaur Pholos nach rechts, mit menschlichen Vorderbeinen, bärtig, eine Binde im Haar, einen kurzen Chiton am Leib, die linke Hand erhebend. — Auf der Rückseite eine agonistische (?) Darstellung. Drei Figuren nach rechts; in der Mitte eine unbekleidete, unbärtige Figur, welche den rechten Arm erhebt, auf einem aufgezäumten Pferde reitend. Rechts und links in eiligem Lauf zwei Krieger mit Helm, kurzem Chiton und Schild (Schildzeichen: drei Punkte und ein Dreifuss); Lanzen und Schwerter fehlen. Flüchtige Zeichnung und Malerei.

412 (11). **Amphora.** Aus Corneto. Form 59. Höhe 0,28. Einzelne Theile der Malerei sind rothbraun und weiss erhöht. Das Ornament wie bei dem vorigen Stück. Ein mit kurzem gegürtetem Chiton bekleideter bärtiger Mann (Herakles) im Ringkampf mit einem bärtigen fischgeschwänzten Triton, der mit beiden Händen die Arme des Gegners von seiner Brust zu entfernen sucht. Auf der Rückseite eine Ephebe mit Petasos, kurzem Gewand und Lanze; auf einem aufgezäumten Pferd nach rechts reitend. Gute archaische Zeichnung.

413 (12). **Amphora.** Aus Corneto. Form 60. Höhe 0,29. Einzelne Theile der Malerei sind dunkelroth und weiss erhöht. Am Hals Palmetten; am Fuss ein aufsteigender Blätterkranz. Ein Knabe in kurzem weissem Chiton reitet auf einem aufgezäumten Pferd nach rechts. Unter dem Leib des Pferdes ein vom Boden aufsteigendes Pflanzenornament. Rechts und links steht nach der Mitte gewandt, je eine unbärtige Figur in doppeltem Gewand, eine Binde im Haar, welche eine Lanze

unterstützt. Auf der Rückseite steht nach links ein bärtiger Krieger mit Lanze, Helm, Beinschienen und Schild (Schildzeichen: ein Dreifuss). Rechts und links von ihm je eine unbärtige Figur in doppeltem Gewand, eine Binde im Haar, welche eine Lanze aufstützt. Flüchtige Zeichnung und Malerei.

414 (13). **Einhenkliger Krug.** Aus Corneto. Form 61. Höhe 0,24. Einzelne Theile der Malerei sind dunkelroth erhöht. Faustkampf zweier unbärtiger, unbekleideter Figuren, welche Schlagriemen an den Händen tragen. Rechts und links je eine Gewandfigur. Zwischen den Faustkämpfern fünf Punkte in verticaler Richtung, welche eine Inschrift nachahmen. Am Hals der Vase je eine Gewandfigur. Rechts und links von ihnen eine Palmette. Ausserst flüchtige, schlecht erhaltene Malerei.

415 (14). **Amphora.** Aus Corneto. Form 62. Höhe 0,40. Der gelbe Thon der Vase ist roth bemalt und in den zur Darstellung benutzten Theilen mit einem schwarzen Firnissüberzug versehen worden, welcher auf der ganzen Rückseite nicht mehr erhalten ist. Bakchischer Aufzug. Auf einem Maulthier, welches mit einem herabhängenden, an seinem Saum gefranzten Teppich, gesattelt ist (nach Art der Pferde der equites singulares; vergl. Millingen peintures de vases grecs p. 13) reitet Dionysos nach rechts, bärtig, im Aermelchiton, einen Kantharos in der Rechten haltend. Auf dem Hintertheil des Maulthiers kauert nach links ein bärtiger lang geschwänzter Satyr mit Thierfüssen, welcher die Doppelflöte bläst. Ein anderer Satyr von gleicher Form und Aussehen scheint links neben ihm einen Tanz auszuführen. Rechts von Dionysos steht ein bärtiger Mann in doppeltem Gewand, welcher in der linken Hand Zweige (?) und mit der rechten Hand den Kantharos hält, den Dionysos an einem Henkel gefasst hat. — Auf der Rückseite ein bärtiger Kentaur mit menschlichen Vorderbeinen nach rechts, welcher eine mit einem Aermelchiton bekleidete Frau in beiden Armen fortträgt. Hinter ihm Herakles nach rechts, mit Löwenfell, dessen Kopf auf seinem Kopf ruht, dessen Vorderfüsse auf seiner Brust zusammengeknüpft sind. Er fasst mit der linken Hand den Kentaur bei den Haaren und schwingt in der erhobenen rechten die Keule. Links vom Kentaur eine weibliche Figur mit langem Haar und langem gegürtetem Aermelchiton, welche eine Bewegung mit beiden Armen macht. Rohe Zeichnung und schlechte Malerei. Der Thon des Gefässes schwer, die Form plump; das Ganze kann wohl als sicheres Beispiel von Localimitation gelten.

416 (15). **Amphora.** Aus Corneto. Form 63. Höhe 0,26. Firniss, Malerei und Technik wie bei dem vorigen Stück; am Hals ein Blüthenornament. Auf der einen Seite eine unbekleidete unbärtige Figur, welche auf einem Pferde nach links reitet und mit der erhobenen Rechten eine Lanze schwingt. Auf der andern eine Chimära nach links: ein Löwe auf dessen Rücken sich Hals und Kopf eines Bocks erhebt und dessen Schwanz als Schlange ausläuft. Rohe, in den Proportionen verfehlte Zeichnung.

417 (16). **Einhenkliger Krug.** Aus Corneto. Form 64. Höhe 0,27. Die Vase ist schwarz gefirnist, der Thon hat eine eigenthümliche weisse Farbe. Auf der dem Henkel entgegengesetzten Seite oben verschiedene Reihen von linearen Ornamenten. Ein aufgezäumtes Pferd nach links, von welchem eine bekleidete, weibliche (?) Figur mit phrygischer Mütze (Amazone?) herabzufallen scheint. Die Einzelheiten der Darstellung sind unsicher wegen mehrfacher Restauration. Rohe Zeichnung und Malerei.

III. Vasen mit rothen Figuren auf schwarzem Grund.

418 (17). **Amphora.** Aus Nola, in Neapel erworben. Form 65. Höhe 0,37. Auf der einen Seite Apollon im Lauf nach links, jugendlich, ein Gewand über dem Rücken welches von beiden Vorderarmen herabfällt, in der gesenkten Linken den Bogen; hinter der linken Hand der Köcher. Auf der andern Seite enteilt nach links den Kopf nach rechts gewendet eine weibliche Figur in langem Aermelchiton mit Obergewand, welche beide Arme erhebt. Vollkommen unverletzte Vase von eleganter Form, mit feinstem sogenanntem nolanischem Firniss. Strenge, feine Zeichnung.

419 (18). **Amphora.** Aus Capua. Form 65. Höhe 0,31. Unter den Henkeln kleine Palmetten. Nike einem Sieger zufliegend. Auf der einen Seite steht nach links eine unbärtige jugendliche bekränzte Figur mit kurzem Haupthaar, eingehüllt in ein grosses Gewand welches die rechte Schulter sammt Brust freilässt, den rechten Arm nach links vorstreckend. Auf der andern Seite fliegt nach rechts Nike, in langem Aermelchiton und Obergewand, eine Stephane im Haar dessen Zopf hinten aufgebunden ist, mit Armspangen. In der Rechten hält sie eine Patera, in der Linken ein Thymiaterion. Die Vase ist unversehrt. Feine, strenge Zeichnung.

420 (19). **Zweihenklige Schale.** Aus Capua. Form 66. Höhe 0,19. Unter den Henkeln Palmetten. Unten umlaufend ein Mäander- oben ein Palmetten-Ornament. Auf der einen Seite sitzt links auf einem Felsen nach rechts gewandt eine unbekleidete, bärtige Figur mit einer Binde im Haar, welche nachdenklich die rechte Hand gegen das Kinn stützt; daneben: ιϳ϶ι. Auf sie zu eilt von rechts ein unbärtiger bekränzter Jüngling mit Petasos, Chlamys und zwei Lanzen, welcher den rechten Arm nach links vorstreckt; daneben: ϙοιϟ. Auf der andern Seite eine bärtige, unbekleidete Figur nach rechts (Herakles), eine Binde im Haar, welche in gebückter Stellung dasteht und mit einer spitzen Hacke einen Weinstock umgräbt. Links neben ihr im Grunde, der Zweig eines Weinstockes; daneben: ιϲυι. Rechts von ihr enteilt nach rechts eine weibliche Figur (Xenodike?) in gegürtetem Aermelchiton, welche in der linken Hand ein Löwenfell mit der Rechten eine Keule hält; daneben: ιϳϳιɑ. Ueber den Syleusmythus vergl. Otto Jahn archäol. Zeitung 1867 p. 157 ff. Feine zierliche Zeitung. Elegante, wohlerhaltene Vase.

421 (20). **Sogenannter Aryballos.** Aus Nola, in Neapel erworben. Ein weibliche Figur in doppeltem Gewand nach rechts, welche in der rechten Hand eine Doppelflöte hält. Links neben ihr ein Flötenfutteral (Aulotheke). Zierliche, wohlerhaltene Arbeit.

422 (21). **Vierhenkliger Eimer**, sogenanntes vaso a colonette. Aus Capua, in Neapel erworben. Form 68. Höhe 0,37. Auf der horizontalen Fläche der Henkel Palmetten, an der Mündung und am Hals verschiedene umlaufende Blätterornamente; unten am Fuss ein aufsteigender Blätterkelch. Auf der einen Seite links enteilt nach links, den Kopf nach rechts gewandt, eine Mänade mit reichem Haupthaar, langem Aermelchiton und Obergewand, welche in der gesenkten Rechten einen Thyrsosstab hält. In der Mitte steht nach rechts, den Kopf nach links gewandt, Dionysos, bärtig, bekränzt, mit langem Aermelchiton und Obergewand; er hält in der erhobenen Rechten einen Kantharos, in der Linken Rebzweige. Rechts enteilt nach rechts den Kopf nach links gewandt eine bekränzte Mänade mit langem gegürtetem Aermelchiton und einem Thierfell, dessen Vordertatzen auf der Brust zusammengeknüpft sind; zu ihren Füssen ein Thyrsosstab. Auf der stark verwaschenen Rückseite eine

bärtige und eine unbärtige männliche Figur in langen Gewändern, mit Stäben; rechts eine bekränzte weibliche Figur mit doppeltem Gewand, welche den rechten Arm erhebt. Einige unbedeutende Stücke der Vase sind ergänzt.

423 (22). **Einhenkliges Ausgussgefäss.** Aus Corneto. Form 69. Höhe 0.29. Einzelne Theile der Malerei sind weiss erhöht. Am Hals und unter den Henkeln Palmetten. Am Hals steht nach rechts eine bekleidete bekränzte Frau (in langem gegürtetem ärmellosem Chiton, mit Armspangen, Sandalen und Ohrringen), welche in der gesenkten Linken ein Tympanon (?) in der erhobenen Rechten einen Zweig hält. Auf dem Bauch sitzt rechts, nach links gewandt, auf einer weissen Bodenerhöhung eine Frau in gleicher Tracht und Schmuck, welche auf der rechten Hand einen Teller (?) mit drei aufgesteckten Zweigen hält. Links vor ihr steht nach rechts eine weibliche Figur in gleicher Tracht und Schmuck, welche in der gesenkten Linken einen Kranz in der Rechten einen Zweig hält. Flüchtige Zeichnung, schlecht erhaltene Malerei. Einzelne Stellen des Gefässes sind ausgebessert.

424 (23). **Einhenkliges Ausgussgefäss.** Aus Corneto. Form 69. Höhe 0.18. Unter dem Henkel Palmetten, welche wie die figürliche Malerei mit rother Farbe auf den schwarzen Firniss in der Weise gemalt ist, dass die innere Zeichnung leicht ausgekratzt wurde. Am Hals eine Eule zwischen zwei Oelzweigen. Am Bauch eine unbärtige Figur nach links, eingehüllt in eine langes Gewand, mit einem Stab in der rechten Hand. Flüchtige Zeichnung und Malerei.

425 (24). **Lekane.** Aus Adernò in Sicilien, vergl. Benndorf archäol. Anzeiger 1867 p. 122*. Form 70. Durchmesser 24. Einige Theile der Malerei sind weiss erhöht. Der Deckel hat oben einen knopfartigen Griff, worauf nach links im Profil ein weiblicher Kopf mit Haube und Ohrringen gemalt ist. Auf dem Deckel ein Altar; links davon eine geflügelte weibliche Figur (Nike?), mit einem um die Beine geschlungenen Gewand, welche auf dem Boden nach rechts kniet, auf der linken Hand eine flache Schale und mit der rechten eine Binde hält. Rechts von dem Altar sitzt nach rechts auf einer Bodenerhöhung eine weibliche Figur mit Haube, gegürtetem ärmellosem Chiton und einem Obergewand; sie wendet sich mit dem Oberkörper nach links und lässt den rechten Arm auf einem Schild (?) ruhen. In den leeren Räumen eine Palmette, eine Rosette und mehrere Pflanzen. Flüchtige, geschickte Zeichnung.

426 (25). **Lekane.** Aus Adernò in Sicilien. Form 70. Durchmesser 0,15. Einige Theile der Malerei sind weiss erhöht. Der Knopf des Deckels ist abgebrochen; auf dem Deckel zwei weibliche Köpfe im Profil nach links, mit Haube, Haarschmuck, Ohrringen und Halsband; zwischen ihnen je eine Palmette.

427 (26). **Lekane.** Aus Adernò in Sicilien. Form 70. Durchmesser 0,17. Einige Theile der Malerei sind weiss erhöht. Eine weibliche geflügelte Figur (Nike?) mit Gewand über den Beinen. Ohrringen und zwei Perlenbändern um Hals und Brust, sitzt auf einer Bodenerhöhung nach links im Profil und greift mit der ausgestreckten rechten Hand nach einem am Boden befindlichen runden punktirten Gegenstande (einen Ball?). Links davon ein weiblicher Kopf mit Haarschmuck, Kanne, Ohrgehäng und Halsband, nach links im Profil. Links daneben eine Palmette.

428 (27). **Teller.** Form 71. Durchmesser 14. In der Mitte ein weiblicher Kopf nach links im Profil mit Halsband, Ohrringen, Haube und Federkopfputz. Ringsum eine Wellenlinie.

IV. Vasen ohne Ornament.

429 (28). **Einhenkliger Krug.** Form 72. Höhe 0.27. Um den Bauch mehrere Streifen von rother und schwarzer Farbe mit aufgesetztem Weiss, auf welche mehrere umlaufende Halbkreisornamente mit dem Zirkel eingekratzt sind.

430 (29). **Gefäss von gelbem Thon mit zwei Mündungen und einem Henkel,** in Rom auf Piazza Navona erworben. Form 73. Breite 0.15. Auf dem Henkel eingepresst neben einer einhenkligen Vase die Inschrift: A W.

431 (30). **Einhenkliges Krügelchen** von gelbem Thon. Form 74. Höhe 0.09.

432 (31). **Einhenkliges Krügelchen** von gelbem Thon. Form 75. Höhe 0.11.

433 (32). **Einhenklige schwarze Schale.** Form 76. Höhe 0.19.

434 (33). **Schwarzer Kantharos.** Form 77. Höhe 0.12.

435 (34). **Zweihenklige schwarze Schale.** Form 78. Durchmesser 12.

436 (35). **Einhenkliger schwarzer Krug.** Form 79. Höhe 18.

437 (36). **Einhenkliger schwarzer Krug.** Form 80. Höhe 0.25.

438 (37). **Zweihenkliger schwarzer Krug.** Form 81. Höhe 0.20. Auf dem Bauch und den Henkeln eingeritzt einige Linear-Ornamente.

439 (38). **Einhenkliger schwarzer Krug.** Form 82. Höhe 0.18.

440 (39). **Einhenkliger schwarzer Krug.** Form 82. Höhe 0.23.

441 (40). **Einhenkliger schwarzer Krug.** Form 82. Höhe 0.30. Auf dem Bauch eingeritzt ein Linear-Ornament.

442 (41). **Henkellose schwarze Schale** mit losem Fuss. Form 83. Höhe 0.15.

443 (42). **Zweihenkliger schwarzer Becher.** Form 84. Höhe 0.14.

444 (43). **Schwarze Lampe** mit einer Mündung und einem Henkel oben. Aus Nola, in Neapel erworben. Form 85. Höhe 0.06.

445 (44). **Einhenkliger schwarzer Krug.** Form 86. Höhe 0.19.

446 (45). **Einhenkliger schwarzer Krug.** Aus Cerveteri. Form 87. Höhe 0.13.

V. Vasen mit Reliefs.

447 (46). **Schwarze Amphora.** Form 88. Höhe 0.28. Auf den Henkeln je zweimal undeutlich aufgeprägt ein vierfüssiges geflügeltes Thier nach links.

448 (47). **Schale mit vier Füssen** in Form eines Kochherdes. Die Füsse werden gebildet von dem identischen Relief von zwei en face zusammenstehenden bekleideten Figuren, welche sich die Hand zu reichen scheinen. Aeusserst flüchtig ausgeprägter Stempel.

449 (48). **Kolossaler Teller** von rothem Thon. Aus Cerveteri. Form 90. Durchmesser 0.57. Auf dem Rande mehrfach wiederholt ein Reliefstempel, welcher von links nach rechts einen Eber, einen springenden unbekleideten Knaben, ein Seepferd, einen liegenden Mann, einen Panther und eine Sphinx zeigt.

450 (49). **Schwarz gefirnisster Teller.** Aus Cerveteri. Form 71. Durchmesser 20. Innen eingepresst acht kleine Stempel, von denen nur drei, als Palmetten, sich erkennen lassen

451 (50). **Henkellose Schale** mit Umbilicus. Aus Cerveteri. Form 92. Durchmesser 18. Innen aufgepresst einige Reihen von Punkten.

152 (51). **Zweihenklige geriefte schwarze Schale.** Aus Apulien, in Neapel erworben. Form 91. Durchmesser 0,16. Innen aufgepresst ein Stern von Palmetten.

153 (52). **Schwarzes Salbgefäss** mit einem Henkel in Form einer Ente. Aus Cerveteri. Form 93. Länge 0,06.

454/57 (53/56). **Vier Reliefs, welche zum Ansetzen bestimmt waren.** Aus Capua. Höhe 0,03—0,07.
1) ein Amazonenschild, roth bemalt.
2) ein archaisches Gorgoneion mit rother Zunge und blauem Haar (sic!).
3) Kopf eines Silen, en face, mit grünem Bart, blauem Kopfhaar, schwarzem Mund, Augenrändern und Pupillen. Der Schnurrbart und die Gesichtstheile sind roth bemalt.
4) ein bärtiger Kopf mit Stierhörnern, rothem Bart und rother Binde im Haar.

458 (57). **Kolossales Prunkgefäss** von rothem Thon. Aus Ruvo, in Neapel erworben. Form 94. Höhe 0,80. Die Vase ist mit einem weissen Grund überzogen. Oben in der Mitte der ganz bedeckten Mündung steht als Aufsatz eine weibliche mit gegürtetem, ärmellosem Chiton bekleidete Statuette, welche beide Hände seitwärts in der Höhe des Kopfes hält. Auf der Vorderseite ist in Hochrelief angesetzt ein Medusenkopf en face von männlichem Ausdruck, mit zwei um den Hals zusammengebundenen Schlangen. Mund und Haar sind roth, die Augensterne dunkelbraun. Auf der Höhe des Kopfes steht, undeutlich erhalten, eine bekleidete Figur mit einem Kranz im Haar, welche das rechte Bein über das linke schlägt und mit der Rechten eine Patera (?) hält. Links von dem Kopfe springt von dem Bauch der Vase das Vordertheil eines unbärtigen, rechts von dem Kopfe das Vordertheil eines bärtigen gehörnten Kentauren hervor, welcher einen Kranz auf Brust und Schultern trägt. — Das Gefäss gehört einer merkwürdigen und seltenen Klasse apulischer Vasen an, welche sämmtlich mit polychromen Reliefs geschmückt sind. Vergl. E. Prosper Biardot explication du symbolisme des terres cuites grecques de destination funeraire. Paris 1864 p. 18 ff. J. J. Bachofen, die Unsterblichkeitslehre der orphischen Theologie auf den Grabdenkmälern des Alterthums. Basel 1867 pag. 1 folg.

459 (58). **Gerieftes henkelloses Fass.** Form 95. Höhe 0,92. Dasselbe ist unten mit einem Ziczac-, oben mit halbkreisförmigem gepresstem Ornament versehen. Um den Bauch läuft ein Fries von Thierfiguren: zwanzig Mal nebeneinander aufgepresst der undeutliche Stempel einer Sphinx mit weiblichem Kopf.

Nachträge.

N° 31 und 55 sind auch publicirt von Montfaucon antiquité expliquée II pl. 189 als »trouvées proche de Zurich en Suisse« ohne weitere Angabe, und zugleich mit einer Anzahl anderer Broncegegenstände, die sich nicht im Antiquarium befinden.

N° 78 publicirt von Caylus recueil I 31,1 p. 93.

N° 143 der Goldschmuck von Lunnern publicirt von Caylus recueil VII 94 p. 326.

Index

Achilles 163. 405.
Adler 163. 190.
Adonis 186.
Aegis 16. 37. 408.
Affe 198.
Agonistische Darstellung 411.
Altar 79. 134. 166. 439.
Amazone 369. 417.
Amazonenschild 454.
Amphora 219.
Amulett 27. 30. 32. 34. 37.
Amymone 352.
Angel 276.
Ante 352.
Antefix 235.
Apfel 40.
Aphrodite 3. 25. 73. 74. 75. 138. 193. 199. 349. 352.
Apollon (?) 71. 418.
Arena 137.
Areobiddus 137.
Armspangen 305. 307. 349. 350. 352. 358. 359. 360. 362. 363. 364. 365. 367. 368. 370. 398. 419. 423.
Aschenkiste 14ᵃ. 14ᵇ. 235ᵃ.
Athene 10. 17. 37. (?) 241. 408.
Aulotheke 421.
Ausgussgefäss 224.

Badeschwamm 308.
Badeklave 308.
Bär 21. 137.
Ball 40. 305. (?) 349. (?) 365. (?) 427.
Band 296. 348. 349. 370. 373. 399. 400.
Basis 357.
Bauchriemen 260.

Becken 129. 13~.
Beinkleider 137.
Beinschienen 18. 121. 280. 383. 408. 410. 413.
Beutel 20. 50. 54. 57. 73. 272.
Hinde 347. 348. 349. 352. 358. 361. 368. 370. 373. 375. 381. 400. 408. 409. 411. 418. 420. 425.
Blatt 263. 352. 362.
Blättercapitell 26.
Blätterkelch 95.
Bilta 10. 47. 179.
Blüthe (?) 9. 253. 348.
Blume 352.
Blumenranken 347.
Bock 416.
Bogen (?) 64. 405. 418.
Brot (?) 137.
Brustung 137.
Brunnenröhre 307.
Bulla (?) 352.
Busenband 254.

Camillus (?) 12.
Capricornus 172.
Chariten 138.
Chimaera 416.
Chiron 161.
Circus (?) 63.
Corona analempsiaca 352.
Columbus 114. 115.

Bocke 852.
Delphin 154.
Deus Lunus (?) 277.
Diadem 274.

Dionysos 2. 60. 71. 76. 171. 109. 415. 422.
Diptychon 137.
Discerniculum 25.
Dithyrsos 189.
Doppelflöte 115. 421.
Doppelherme 2. 4.
Drehkreuz 137.
Dreifuss 411. 413.
Dreizack (?) 352.

Eber (?) 7. 26. 173. 280. 270. 449.
Elephant 261.
Ente 401. 453.
Epheu 43. 44. 46. 61. 76. 80. 337. 348. 349. 409.
Epistyl 357.
Eros 25. 96. 159. 179. 244. 281. 285. 320. 349. 352. 355. 363. 364. 366. 375. 400.
Esel 164.
Eule 162. 191. 424.
Europa (?) 101.
Exercitator bestiariorum 137.

Faekel 307. 359. 367.
Fächer 849. 862. 865.
Fass 342. 411.
Faustkämpfer 414.
Federn 138.
Fell 320.
Felsen 276. 306. 420.
Fenster (?) 357.
Feuer 79. 166.
Fibula 113. 138.
Figur von Ilex oder Stroh 137.

— 176 (56) —

Filigranarbeit 143. 144. 145.
Fisch 187. 276. 372.
Fischer 276.
Fischteller 371. 372.
Flasche 300. 301 334
Flöte (?) 12. 134.
Flügel 226. 272
Fruchtkerne 341
Früchte 274.
Füllhorn 11. 274. 342.
Fussbänkchen 349. 365.
Fussohle 244. 276
Fussspangen 352.

Gisterm 187.
Gans (?) 219. 345. 386. 387 403. 404. 405.
Gesichtsmaske 213
Giebel 352. 357.
Gladiator 132. 137. 268 271. 280 282. 283.
Gorgoneion 17. 87. 99. 121. 455. 458.
Grabrelief 1. (?) 11.
Granatapfel 192.
Granatzweig 267.

Haarnadel 148.
Haarschmuck 349. 352. 354. 356. 357.
358. 359. 360. 362. 364. 366. 370.
382. 426. 427. 428
Hacke 420.
Hängelampe 264.
Hängewage 131.
Hahn 206. 319. 404. 405 406.
Hahnenkampf 13.
Halbmond (?) 9. (?) 93. 277.
Halsband 143. 144. 302. 307. 313. 320.
321. 349. 350. 352. 356. 357. 358.
359. 360. 362. 363. 364. 366. 367.
368. 398. 399. 426. 427. 428
Hammer 139.
Hand 21.
Harpyie (?) 387
Haube 298. 299. 302. 305. 313. 320. 321.
330. 343. 349. 350. 351. 352. 357.
359. 360. 361. 362. 363. 364. 365.
367. 368. 370. 373. 375. 379. 382.
398. 420. 426. 427. 428.

Helm 1. 16. 17. 18. 19. 22. 37. 82. 98.
99 160. 161. 167. 169. 184. 271.
280. 282. 283 369. 393. 405. 408.
410 411 413.
Hephaestos 409.
Herakles 61. 63. 65 66. 67. 151. 152. 201.
281. 408. 409. 411. 412. 415. 420.
Herme 92. 93. 176.
Hermes 20. 49. 50. 51. 52. 53. 64. 66.
68. 67. 69. 63. 70. 272
Heros 347.
Hippokamp 181. 449.
Hirsch 2. 403
Hirschkalb 403.
Hirschkuh 403.
Hund 82. 183. 228. 254. 270. (?) 264. 347.
Hydria 307. 352
Hypothymis (?) 359.

Insekt 250. 261.
Joluos 408.
Jupiter 17. (? 66.

Kalathos 343. 350. 370.
Kamm 142.
Kaninchen (?) 95.
Kantharos 415.
Kasten 352 365. 375.
Kentaur 342. 415. 456
Kentron 391. 410.
Kerykeion 49. 50. 55. 57. 58. 60. 272
Keule 61. (?) 64. 65. 151. 152. 281 (?)
395. 408. 415.
Kinderspielzeug 229. 311
Klapptuhl 391. 394. 305.
Kline 349.
Kochherd 448.
Köcher 71. 161. 405. 406. 415.
Kohlen 341.
Kopfkissen 184.
Korb 88. 138. 367.
Kranz 1. 36. 43. 41. 45. 47. 71. 137.
138. 162. 192. 233. 249. 277. 299.
306. 320. 329. 337. 342. 350. 352.
359. 360. 306. 308. 373. 374. 375.
348. 398. 409. 419. 422. 423. 458.
Krieger 18. 169 369. 393. 410. 411. 418.
Krug 298
Kugel 174.

Labrum 352.
Lade (?) 302
Lanze (?) 18. 137. 188 161. 162. 147.
184 235. 369. 393 405 108 412.
413. 410. 420.
Leier 153 161 191. 229 394.
Leiter 365.
Lekythion 352. 357
Lendenschurz 334
Leuchter siebenarmig 108
Löffel 118. 142
Löwe 104 106. 112 124. 215. 244
272. (?) 279 416.
Löwenfell 64. 67. 411. 415. 420
Löwenkampf 137.
Löwenklaue 137.
Löwenkopf 137. 324

Mänade 251. 355. 359 361 393. 409. 422.
Mappa 137.
Mars (?) 18. (?) 52. (?) 78. 99. (?) 137.
Maske (?) 68. 158 170 177. 264
Maulesel 374.
Maulthier 409. 415.
Medaillon 154 146
Medusenkopf 226. 239.
Messer (?) 93. (?) 105. 189.
Modius (?) 196 229 224 225.
Mütze phrygische 228 243. 270. 369. 417.
Muschel 372

Nadel 142
Nereide 284
Nike 419 125 427.

Octopus 371.
Oelzweig 421
Onkos 177.
Ohrring 303. 306. 305. 307. 330. 352.
354. 356. 357. 358 350. 360. 363
364. 365. 367. 368. 370. 382 399.
423 425. 426 427 428

Paeonia (?) 93
Palmblätter 137
Palme 302.
Palmzweige 247.
Pan (?) 275. 307. 364.

— 177 (35) —

Panther 76. 120. 171. 237. 265 (?) 267. 440.
Panzer 99. 167. 184. 235*.
Peitsche 138.
Persephone 192.
Petasos 20. 49. 57. 272. 358. 412. 420.
Pfeil 352. 405.
Pfeiler (?) 161. 347. 352. 400.
Pferd (?) 2–7. 369. 411. 412. 413. 416. 417.
Pflanze 347. 350. 370.
Pflug (?) 235*.
Pinios 312. 411.
Pilaster 137. 357.
Polypus 371.
Poseidon 48. 352.
Postament 347.

Rabe 153.
Rebzweige 342. 374. 397. 109. 122.
Reh 254. 314. 352.
Rehkopf 205.
Reif 40.
Reiher 265.
Reiter 100. 228.
Rind 210.
Ring 140. 153. 154. 155. 156. 157. 166. 188. 169. 190. 302.
Rosetten 223. 255. 334.
Rube 286.
Ruckenkissen 349.

Sandalen 94.
Samniter 262.
Sattel 138. 226.
Satyr (?) 62. 97. 111. 162. 188. 189. 211. 233. 348. 351. 359. 374. 384. 409. 415.
Satyra 2.
Säule 312. 357.
Scepter (?) 47. 137. 163.
Schale 12. 15*. 17. 86. 79. 71. 121. 163. 176. 234. 306. 347. 348. 349. 358. 360. 362. 364 365. 370. 378. 378. 399. 400. 419. 425. 458.
Scharnier 128. 141.
Schaukel (?) 3**.
Schelle 347.

Schemel 137.
Schild 137. 167. (?) 169. 184. 280. 282. 283. 389. 393. 405. 410. 411. 413. (?) 425.
Schildzeichen 411. 413.
Schimmel 405.
Schlagriemen 114.
Schlange 119. 150. 155. 239. 319. 352. 408. 416. 458.
Schlauch 320. 409.
Schleuderblei 185.
Schlinge 137.
Schloss 143 144 146.
Schlüssel 119.
Schnellwage 43. 44. 45. 46.
Schote (?) 2–5.
Schreibgriffel 142.
Schreibtafel (?) 350. 362.
Schriftrolle (?) 12.
Schurzfell 408.
Schwan (?) 159. (?) 217. 405.
Schwein (?) 7. 79. 227.
Schwert (?) 19. 169. 235*. 258. 271. 280. 283. 393. 408.
Seethier 284.
Selene (?) 275.
Sella curulis 137.
Sessel 25.
Sesselartiges Gerüst 352.
Sieger 410.
Sigma 134.
Silen (?) 7. 31. 43. 44. 45. 46. 50. 146. 219. 220. 456.
Simpulum 12.
Sirene (?) 387. 405.
Skyphos 281.
Sol (?) 185.
Sonnenschirm 349. 352.
Sphinx 240. 407. 419. 454.
Spiegel 133. 298. 302. 347. 319. 350. 352. (?) 358. 365. 380. 398.
Stab 165. 219. 303. 350. 351. 352. 362. 365. 399. 122. 424.
Steinhaufen 384.
Stele 347. 350.
Stephane 9. 25. 73. 74. 225. 419.
Stephanos 280. 330.
Stern 137. 178. 215. 216. 268. 320. 452.

Steuerruder 180.
Stier 33. 101. 103.
Stierkopf 318.
Storch (?) 174.
Strahlen 185.
Strahlenkranz 352.
Streitaxt 369.
Strigilis 303. 307. 352.
Stuhl 283. 343. 365.
Superhumerale 137.
Sylens 120.
Symplegma 220. 229. 369.

Taube 280. 267.
Teich 307.
Teller 121. 359. (?) 123.
Teppich 415.
Thalamos 352.
Thierbehälter 137.
Thierfell 43. 44. 45. 76. 224. 422.
Thierkämpfe 137.
Thierkopf 12. 89. 137. 334.
Thron 163.
Thymiaterion 402. 419.
Tympanon 251. 350. 355. 350. 361. 399. (?) 423.
Thyrsos 171. 175. 251. 257. 273. 285. 302. 307. (?) 349. 350. 361. 368. 370. 381. 399. 422.
Tiger 116. 117.
Tintenfisch 371.
Tisch 349.
Toga picta 137.
Torpedo 371.
Traube 71 (?) 159. 171. 169. 302. 304. 347. 348. 350. 385.
Trinkhorn 205. 405. 409. 412.
Tyle 352.

Vase 193. 261.
Vertiefung, ovale, auf der Höhe eines Kopfes 11.
Viergespann 391. 392. 410.
Umbilicus 371. 372. 451.
Vogel 176. 195. 400. 407. 408.
Votivhand 209.